Blick auf Giswil

Band 117

OUTDOORHANDBUCH

Hartmut Engel

Schweiz: Jakobsweg

vom Bodensee zum Genfer See

DER WEG IST DAS ZIEL

Alle Informationen, schriftlich und zeichnerisch, wurden nach bestem Wissen zusammengestellt und überprüft. Sie waren korrekt zum Zeitpunkt der Recherche. Eine Garantie für den Inhalt, z.B. die immerwährende Richtigkeit von Preisen, Adressen, Telefon/Faxnummern sowie Internet-Adressen, Zeit- und sonstigen Angaben kann naturgemäß von Verlag und Autor, auch im Sinne der Produkthaftung, nicht übernommen werden.

Der Autor und der Verlag sind für Lesertips und Verbesserungen (besonders als E-Mail oder auf Diskette) unter Angabe der Auflagen- und Seitennummer dankbar.

Leser, deren Einsendung verwertet wird, werden in der nächsten Ausgabe genannt und erhalten als Dank ein Exemplar der neuen Auflage oder ein anderes Buch ihrer Wahl aus dem Programm des Verlags.

Titelfoto: Blick auf den Genfer See

Schweiz: Jakobsweg

OutdoorHandbuch aus der Reihe Der Weg ist das Ziel, Band 117

ISBN 3-89392-517-1 2. überarbeitete und erweiterte Auflage 2004

Dieses OutdoorHandbuch wurde konzipiert und redaktionell erstellt vom
Conrad Stein Verlag GmbH, Postfach 1233, 59512 Welver
Dorfstr. 3a, 59514 Welver
☎ 02384/963912, FAX 02384/963913
<info@conrad-stein-verlag.de>
<http://www.conrad-stein-verlag.de>

Unsere Bücher sind überall im wohlsortierten Buchhandel und in cleveren Outdoorshops in Deutschland, Österreich und der Schweiz erhältlich.
Auslieferung für den Buchhandel:
(D) Prolit, Fernwald und alle Barsortimente,
(A) freytag & berndt, Wien,
(CH) AVA-buch 2000, Affoltern und Schweizer Buchzentrum.

Text, Kartenskizzen und Fotos: Hartmut Engel
Lektorat: Bruno Thomas, Martina Wartenberg
Layout: Marie-Luise Tolkmit
Gesamtherstellung: Breklumer Druckerei, 25821 Breklum

Dieses OutdoorHandbuch hat 140 Seiten mit 16 schwarzweißen und 14 farbigen Abbildungen und 25 Kartenskizzen. Es wurde auf chlorfrei gebleichtem Papier gedruckt und der größeren Strapazierfähigkeit wegen fadengeheftet.

0012900

Über den Autor

Der Biologe Hartmut Engel schreibt seit vielen Jahren Artikel für verschiedene Zeitschriften und ist Autor zahlreicher Reise- und Sachbücher. Sein besonderes Interesse gilt den britischen Inseln einschließlich der Grünen Insel Irland sowie der Schweiz, wo er seit mehr als 20 Jahren in einem kleinen Häuschen am Genfer See eine zweite Heimat gefunden hat. Hartmut Engel führt regelmäßig kleinere Gruppen von Wanderern auf attraktiven Routen durch Schottland, Irland und die Schweiz.

Im Conrad Stein Verlag sind von ihm außerdem die **OutdoorHandbücher** in der Reihe ***Basiswissen für draußen***

ESSBARE WILDPFLANZEN, SPUREN UND FÄHRTEN, WATTWANDERN, URLAUB AUF DEM LAND

und in der Reihe ***Der Weg ist das Ziel***

SCHOTTLAND: WEST HIGHLAND WAY, SCHOTTLAND: WHISKY TRAIL– SPEYSIDE WAY, IRLAND: SHANNON-ERNE, IRLAND: KERRY WAY, NORDIRLAND: COASTAL ULSTER WAY, MALLORCA: SERRA DE TRAMUNTANA

erschienen.

Symbole

Achtung!	Homepage
Anfangs-und Endpunkt einer Etappe	Hotel, Pension
B&B Bed & Breakfast	Information
Bahn	Jugendherberge
Bank	Museumsbahn
Bus	Restaurant
Buchtip	Schiff, Fähre
E-Mail	Telefon
Einkaufsmöglichkeit	Tipp
geöffnet	Verweis
	Wanderzeit

Einleitung

Wer an die Schweiz denkt, dem fallen zunächst einmal Uhren, Käse sowie Banken und natürlich die mächtigen Gipfel der Alpen ein. Kaum jemand bringt die Eidgenossenschaft mit einem mittelalterlichen Wanderboom quer durch die Schweiz in Verbindung. Und dennoch war die Schweiz im Mittelalter eines der wichtigsten Durchgangsländer für Wanderer unterschiedlichster ständischer Herkunft aus vielen Ländern Europas.

Von überall her machten sich damals Bettler und Könige, Gesunde und Kranke, Junge und Greise auf den Weg, um zum äußersten Nordwestzipfel Spaniens nach Santiago de Compostela zum Grab des Heiligen Jakobs zu pilgern. Alle machten sich in der Hoffnung auf, die manchmal Jahre dauernde, gefahrvolle Reise würde ihre Leiden lindern, ihnen zu materiellem Reichtum verhelfen oder zur Erfüllung sonstiger persönlicher Wünsche und Hoffnungen beitragen.

Inzwischen ist das Wandern auf den historischen Jakobswegen wieder modern geworden, und so verwundert es nicht, dass auch in der Eidgenossenschaft die alten Routen neu entdeckt wurden und für Wanderer, möglichst den historischen Streckenverläufen folgend, wieder begehbar gemacht wurden.

Das Erkennungszeichen der Jakobspilger war damals wie heute die gut sichtbar an der Kleidung getragene Jakobsmuschel und ein langer Stock als Stütze und als Waffe. Beide Gegenstände sind auch heute noch viele Jahrhunderte später dem modernen Wanderer nützliche Helfer. Die Muschel öffnet so manche Tür, die einem ohne dieses Erkennungszeichen verschlossen bleiben würde. Und der Stock dient weiterhin als Stütze, aber auch um sich mit seiner Hilfe so manchen aufdringlichen Hund vom Leib zu halten.

Dieses Buch beschreibt eine von vielen möglichen Routen entlang historischer Jakobswege durch die Schweiz, geht dabei aber auch auf die eine oder andere Variante ein. Auf etwa 400 km vom Bodensee bis zum Genfer See soll es ein wertvoller und hilfreicher Begleiter auf Ihrer Wanderung sein. Beschrieben wird der Jakobsweg ausgehend von Rorschach und von Konstanz durch die Ostschweiz und das Berner Oberland in die Westschweiz an den Genfer See. Dabei wird auch auf einige interessante Wegvarianten oder Abstecher von der eigentlichen Route eingegangen. Allerdings soll nicht verschwiegen werden, dass es auch durchaus andere als in diesem Buch vorgestellte Möglichkeiten gibt, die dem einen oder anderen sinnvoller oder attraktiver erscheinen mögen. Um das Handbuch aber wirklich ein Handbuch bleiben zu lassen und den Rahmen nicht zu sprengen, mußte es bei dieser Auswahl bleiben. Und die ist nun einmal subjektiv.

Die Beschreibung des Weges erfolgt in 23 einzelnen Tagesetappen (vier von Konstanz und vier von Rorschach, die vor Einsiedeln aufeinander treffen), mit einer Wanderzeit zwischen etwa 4 und 8 Stunden. Die einzelnen Etappenbeschreibungen enthalten Angaben zur Streckenführung, über Verkehrsverbindungen und Unterkunftsmöglichkeiten sowie Informationen zu interessanten Details aus Natur und Landschaft, Kultur und Geschichte, wobei entlang des Weges besonders auf historische Zeugen der mittelalterlichen Pilgerschaft eingegangen wird. Darüber hinaus wird zu jeder Etappe eine Übersichtskarte geliefert.

Danke

Für die Hilfe bei den Recherchen und der Erstellung des Manuskriptes danke ich Ulrike, Katharina, Friederike und Lars. Nicht vergessen möchte ich Maidi und Hans, die mir vor 20 Jahren die "Tür zur Schweiz" geöffnet haben. Für zahlreiche Tipps und Verbesserungsvorschläge für die 2. Auflage danke ich Fritz Klenert und Emil Mager.

Jakobswege in der Schweiz

Neben dem Petersgrab in Rom und dem Heiligen Land war Santiago de Compostela, im äußersten Nordwestzipfel Spaniens gelegen, eine der drei großen christlichen Wallfahrtsstätten im Mittelalter. Die im 9. Jahrhundert "entdeckte" Grabstätte, des im Jahre 44 hingerichteten Apostels Jakobus wurde für Millionen zum Ziel einer mehrere Monate und manchmal sogar Jahre dauernden Reise.

Um es gleich vorweg zu sagen, einen eigentlichen Jakobsweg durch die Schweiz gab es im Mittelalter nicht. Vielmehr existierte ein keilförmiges Netz von Pfaden, Wegen und Straßen, das sich im Südwesten der Schweiz mehr und mehr verjüngte und in Lausanne zu einem nach Genf führenden Hauptstrang wurde. So ist es auch kaum verwunderlich, dass heute in vielen Teilen der Schweiz historische Zeugen gefunden werden, die im Zusammenhang mit der Jakobspilgerschaft stehen.

Natürlich kristallisierten sich im Laufe der Zeit bestimmte Hauptrouten heraus. Diese waren einerseits durch topographische Gegebenheiten bestimmt, andererseits aber auch durch das Vorhandensein bestimmter Stätten wie Klöster, lokaler Wallfahrtsstätten oder Übernachtungsmöglichkeiten in Pilgerherbergen, die zu Sammelpunkten der Pilgernden wurden.

Damals wie heute gibt es zahlreiche Möglichkeiten, um auf Jakobswegen durch die Schweiz Richtung Frankreich zu wandern. Ein Streit darüber, welcher der "richtige" Jakobsweg ist, ist müßig. Denn wer sich bewusst ist, dass jeder Weg, der an das Grab des Heiligen Jakobus nach Santiago de Compostela führt, ein Jakobsweg ist, der ist immer auf dem richtigen Weg.

Die Entscheidung des Europarates im Jahre 1987 die Pilgerwege nach Santiago zur ersten europäischen Kulturstraße zu erklären, löste zunächst in Spanien und später auch in anderen Ländern Europas einen regelrechten Wanderboom aus, der die Pilgerschaft in der Moderne neu begründete und schließlich auch in der Schweiz dazu führte, dass ein Jakobsweg über ca. 400 km mit zahlreichen Varianten und Abstechern durchgehend vom Bodensee bis zum Genfer See markiert wurde.

Die Verantwortlichen haben sich bei der Wahl der Routen darum bemüht, den Streckenverlauf des modernen Jakobsweges den historischen Wegverläufen aus dem Mittelalter anzupassen. Wenn möglich wandern Sie auf alten Pfaden und Wegen. In zahlreichen Fällen ist dies aber nicht mehr durchführbar, weil viele der alten Verkehrsverbindungen gänzlich verschwunden sind oder durch moderne Straßen ersetzt wurden. Und wer hat schon Lust auf dem Standstreifen einer Autobahn zu wandern, nur weil ihm bewusst ist, dass hier vor Jahrhunderten ein Pilgerweg existierte.

Die heutige Streckenführung und/oder Markierung beruht auf Arbeiten zahlreicher Organisationen, Verbände und Fachkreise, wie z.B. dem Inventar historischer Verkehrswege der Schweiz (IVS), den Schweizer Wanderwegen (SAW) und der Schweizerischen Vereinigung der Freunde des Jakobsweges.

In der folgenden Karte sind neben den historischen Hauptrouten durch die Schweiz der in diesem Führer vorgestellte Jakobsweg sowie Varianten dargestellt.

Reise-Infos von A bis Z

Adressen und Internetlinks

Allgemeine touristische Informationen, Auskünfte und Prospekte erhalten Sie von

- **Schweiz Tourismus**, Postfach 16 07 54, 60070 Frankfurt/Main, ☎ 069/256001-0, 🖳 <www.schweiz.de> und vom
- **Schweizer Verkehrsbüro**, Kärntnerstr. 20, 1015 Wien, ☎ 01/5127405.

Detaillierte Informationen zu einzelnen Gebieten bekommen Sie in den regionalen Fremdenverkehrsämtern (Adressen im Reiseteil bei den jeweiligen Ortschaften).

Informationen über die Alpen und den Alpinismus liefert der Schweizer Alpen Club SAC

- Alpen Club SAC, Monbijoustraße 61, CH-3000 Bern 23, ☎ 031/3701818, 🖳 <www.sac.ch>.

Der Schweizer Alpen-Club SAC, der in verschiedene nach Kantonen geordnete Sektionen gegliedert ist, hat vielfältige Aufgaben im Zusammenhang mit der Bergwelt der Schweiz. So gibt er z.B. die Zeitschrift *Die Alpen* heraus, die monatlich über das Geschehen rund um den Alpinismus berichtet. Daneben betreuen die Mitglieder die mehr als 100 Schweizer Berghütten, organisieren Wanderungen und Klettertouren, geben Führer und Informationen heraus. Eine ganz wichtige Aufgabe des Clubs ist die Bergrettung. Der Club verfügt heute über 101 Rettungsstationen im Gebirge und hat mit verschiedenen Partnern eine weltweit führende Bergrettungsorganisation aufgebaut.

Die private Organisation **Schweizer Wanderwege SAW** ist für das gesamte, mehr als 55.000 km umfassende Wanderwegenetz der Schweiz zuständig. Die 1934 in Zürich gegründete Organisation erschließt die Landschaft mit Wanderwegen und unterhält das gesamte Wanderwegnetz, ist also u.a. auch für die Markierung zuständig.

Die von der SAW alle zwei Monate herausgegebene Wanderrevue (Jahresabo Schweiz SFr 38, Ausland € 30) ist ein interessantes Magazin für den Wandertourismus in der Schweiz.

- Schweizer Wanderwege SAW, Im Hirshalm 49, 4125 Riehen, ☎ 061/6069340,🖳 < www.swisshiking.ch>.

Die Schweizerische **Vereinigung der Freunde des Jakobsweges** befasst sich mit allen vorkommenden historischen, kulturellen, religiösen, geistigen, künstlerischen und literarischen Erscheinungen um den Jakobsweg in der Schweiz.

- **Vereinigung der Freunde des Jakobsweges**, Ursula Siegenthaler, Wässenwies 9, 8712 Stäfa, ☎ 01/9261875, 🖳 <www.chemin-de-stjaques.ch>.

🕮 Die Schweizer Wanderwege und die Vereinigung der Freunde des Jakobsweges sind zusammen mit dem Bundesinventar historischer Verkehrswege der Schweiz Herausgeber eines lesenswerten Führers zum Schweizer Jakobsweg von der Historikerin Jolanda Blum

- Jakobswege durch die Schweiz, Ott Verlag Thun, 3. Auflage 2000, € 27.

Nützliche Informationen zum Schweizer Jakobsweg gibt es von der **Volkswirtschaftkammer Berner Oberland**, die Herausgeber einer detaillierten Wegbeschreibung zwischen Bodensee und Romont ist. Sehr informativ ist auch ein Besuch auf der extra für den Jakobsweg erstellten Internetseite der Kammer.

- **Volkswirtschaftskammer Berner Oberland**; Jungfraustr. 38, 3800 Interlaken, ☎ 033/8283738, 🖳 <www.jakobsweg.ch>.

Eine interessante und informative private Internetseite zum gesamten Jakobsweg von der Schweiz bis nach Santiago finden Sie unter 🖳 <www.franziska.ch>, auf der eine junge Schweizer Pilgerin ihr **Tagebuch der Wanderung** veröffentlicht hat.

Wer sich für geschichtliche Detailinformationen interessiert, wird fündig im

- **Historischen Lexikon der Schweiz**
  🖳 <www.snl.ch/dhs/externe/index.html>.

Devisen und Geldwechsel

Obwohl die Schweiz nicht zur Euroregion gehört, können Sie in vielen Geschäften, Hotels und Restaurants mit der europäischen Einheitswährung zahlen. Gesetzliches Zahlungsmittel ist aber der Schweizer Franken SFr oder CHF. 1 Franken hat 100 Rappen oder Cent. Zur Zeit (Januar 2004) haben 100 SFr einen Gegenwert von etwa € 64.

☺ Tagesaktuelle Kurse erhalten Sie auf der Internetseite der Neuen Züricher Zeitung unter 💻 <www.nzz.ch>.

Die Schweiz ist einer der wichtigsten Finanzplätze der Welt und ist dementsprechend gut mit Geldinstituten versorgt. In fast jedem Ort finden Sie eine oder meist mehrere Banken vor, wo Sie Geld wechseln können.

In größeren Städten haben die Banken in der Regel Montag bis Freitag von 8:30 bis 16:30 geöffnet. In ländlichen Gegenden werden die Schalter oft über Mittag von 12:00 bis 14:00 geschlossen. Auf allen größeren Bahnhöfen gibt es Wechselstuben, die von früh morgens bis spät in die Nacht hinein geöffnet haben.

Darüber hinaus gibt es fast überall Geldautomaten, die alle gängigen Karten akzeptieren, so dass Sie sich auch außerhalb der Öffnungszeiten mit Schweizer Franken versorgen können.

Einkaufen

Die meisten Geschäfte öffnen zwischen 8:00 und 9:00 und haben in der Regel bis 18:30 geöffnet, einmal in der Woche, meist am Donnerstag, bis 21:00. Am Samstag schließen sie in der Regel um 16:00. In den Städten bleiben viele Geschäfte und Kaufhäuser am Montagvormittag geschlossen. In vielen Ferienorten sind die Läden länger geöffnet, manchmal zusätzlich am Sonntag.

Ausländer können sich die in der Schweiz bezahlte Mehrwertsteuer von 7,6% bei Einkäufen von über SFr 400 erstatten lassen. Alle Geschäfte mit dem *TAX FREE* Logo sind an das Global Refund System angeschlossen, das eine unkomplizierte und rasche Erstattung der Mehrwertsteuer ermöglicht. Fragen Sie in den betreffenden Geschäften einfach nach den Global Refund Tax-free Einkaufschecks.

Einreise und Zoll

Zur Einreise reicht für Deutsche und Österreicher ein gültiger Personalausweis.

Bei der Einfuhr von Nahrungsmitteln und alkoholischen Getränken gelten bestimmte **Höchstmengen**:

Fleisch kann bis zu folgenden Mengen abgabenfrei einmal pro Person und Tag eingeführt werden: Rind, Kalb, Schwein, Schaf, Ziege, Pferde, Esel, Maultier oder Maulesel frisch, gekühlt oder gefroren 0,5 kg; anderes Fleisch und Fleischerzeugnisse aller Art 3,5 kg.

Nahrungsmittel dürfen bis zu einer Freigrenze von SFr 300 für den privaten Gebrauch abgabenfrei eingeführt werden. Für einige landwirtschaftliche Erzeugnisse gelten allerdings bestimmte Höchstmengen pro Person pro Tag wie z.B. Butter und Rahm insgesamt 1 kg Milch, Käse, Quark und andere Milchprodukte insgesamt 5 kg oder Obstsäfte 3 l.

Alkoholische Getränke dürfen pro Person (über 17 Jahre) pro Tag bis 15 % Vol 2 l und über 15 % Vol 1 l abgabenfrei eingeführt werden.

Tabakwaren sind bis zu 200 Zigaretten, 50 Zigarren oder 250 g Pfeifentabak abgabenfrei.

Hunde und **Katzen** dürfen eingeführt werden, wenn in einem tierärztlichen Zeugnis bescheinigt wird, dass die Tiere gegen Tollwut geimpft sind. Die Impfung muss mindestens 30 Tage vor dem Grenzübertritt erfolgt sein und darf nicht älter als ein Jahr sein.

Wer mit einem **KFZ** einreist, muss beachten, dass man für das Benutzen von Schweizer Autobahnen und vielen Autostraßen eine **Vignette** benötigt, die z.Z. für ein Jahr SFr 40 kostet. Wer ohne Vignette auf abgabepflichtigen Straßen angetroffen wird, muss eine Buße von SFr 100 zahlen. Die Vignetten erhalten Sie an vielen Schweizer Grenzübergängen, bei Postämtern und Tankstellen. In Deutschland und Österreich erhalten Sie die Vignetten u.a. bei den Automobilclubs.

i Eidgenössischen Oberzolldirektion, Monbijoustraße 40, CH-3003 Bern, ☏ 031/3226511, 💻 < www.zoll.admin.ch>.

Karten

Die Karten in diesem Reiseführer dienen nur der Übersicht und sind nicht als Wanderkarten gedacht. Obwohl der gesamte Jakobsweg durch die Schweiz gut markiert ist, empfiehlt es sich doch, entsprechende Wanderkarten für die einzelnen Etappen zu besorgen. Den genauesten Überblick liefern die topographischen

Landeskarten im Maßstab 1:25.000. Allerdings benötigen Sie, wenn Sie den ganzen Schweizer Jakobsweg abdecken wollen, fast 40 Karten, was bei einem Einzelpreis von € 9,20 bzw. SFr 13,50 ein nicht unerheblicher Kostenfaktor darstellt.

Vollkommen ausreichend sind daher die topographischen Landeskarten im Maßstab 1:50.000. Auch die kosten € 9,20 bzw. SFr 13,50. Für alle in diesem Führer beschriebenen Wege benötigen Sie insgesamt 17 Karten.

In der folgenden Tabelle sind die für die einzelnen Etappen empfohlenen topographischen Karten 1:50.000 des Schweizer Landesvermessungsamtes aufgeführt:

Ostschweiz	
Appenzellerweg (Rohrschach - Einsiedeln)	
A1. Etappe: Rorschach - Herisau	Nr. 217, 227
A2. Etappe: Herisau - Wattwil	Nr. 227, 226
A3. Etappe: Wattwil - Lachen	Nr. 226, 236
A4. Etappe: Lachen - Einsiedeln	Nr. 236
Schwabenweg (Konstanz- Einsiedeln)	
B1. Etappe: Konstanz - Tobel	Nr. 207, 216
B2. Etappe: Tobel - Hörnli	Nr. 216,226
B3. Etappe: Hörnli - Rapperswil	Nr. 226
B4. Etappe: Rapperswil - Einsiedeln	Nr. 226,236
Zentralschweiz	
5. Etappe: Einsiedeln - Brunnen	Nr. 236, 235, 245
6. Etappe: Brunnen - Stans	Nr. 245
7. Etappe: Stans - Flüeli	Nr. 245
Berner Oberland	
8. Etappe: Flüeli - Brienz	Nr. 245, 244, 254
9. Etappe: Brienz - Interlaken	Nr. 254
10. Etappe: Interlaken - Thun	Nr. 253
11. Etappe: Thun - Rüeggisberg	Nr. 253, 243
12. Etappe: Rüeggisberg - Freiburg	Nr. 243, 242
Westschweiz	
13. Etappe: Freiburg - Romont	Nr. 242, 252
14. Etappe: Romont - Moudon	Nr. 252

15. Etappe: Moudon - Lausanne	Nr. 252, 251, 261
16. Etappe: Lausanne - Rolle	Nr. 261
17. Etappe: Rolle - Nyon	Nr. 261, 260
18. Etappe: Nyon - Coppet	Nr. 260, 270
19. Etappe: Coppet - Genf	Nr. 270

☺ Viele Fremdenverkehrsverbände geben kostenlos Wanderkarten ihrer Region ab, die in der Regel auch den Jakobsweg mit einbeziehen. Erkundigen Sie sich im jeweiligen Informationsbüro nach kostenlosem Material.

Medizinische Versorgung

Die Schweiz hat ein sehr gut ausgebautes Gesundheitswesen mit einer hohen Arztdichte, das den anderen mitteleuropäischen Ländern entspricht.

Seit Juni 2002 gelten auch die Auslandskrankenscheine deutscher Krankenkassen. Erkundigen Sie sich vor der Reise direkt bei Ihrer Krankenkasse, ob Ihr Versicherungsschutz ausreicht.

Notruf

Polizei: 117
Feuerwehr: 118
Notruf Krankenwagen: 144
Schweizer Rettungsflugwacht: 1414
Internationaler Notruf über das Mobiltelefon: 112

Post

In der Schweiz gibt es für Briefe und Postkarten ins Ausland zwei Beförderungsklassen: Eilige Sendungen (Priority/Beförderungsdauer 3 bis 5 Tage) kosten als Standardsendung (Format bis B5, Gewicht bis 100 g) innerhalb der Schweiz SFr 1. In andere europäische Länder SFr 1,30. Nicht eilige Standardsendungen (Economy/Beförderungsdauer mehr als 5 Tage) kosten nur SFr 0,85 bzw. 1,20.

Sprache

In der Schweiz wird deutsch (70%), französisch (20%), italienisch (7%) und rätoromanisch (1%) gesprochen. Deutsch, Französisch und Italienisch gelten als Amtssprachen. Das Deutsch wird oft als Schweizerdeutsch, eine alemannische Mundart, gesprochen.

Das in diesem Führer behandelte Gebiet verläuft durch deutsch- und französisch-sprachiges Gebiet. Vom Bodensee bis Freiburg wird deutsch gesprochen, von dort bis nach Genf französisch. Je näher Sie der französischen Grenze kommen, desto weniger können Sie darauf hoffen, einen Schweizer zu treffen, der deutsch spricht. Allerdings können Sie sich dort in der Regel ganz gut mit Englisch verständigen.

Strom

Die elektrische Spannung beträgt in der Schweiz 220 V. Die Steckdosen unterliegen aber anderen Normen als bei uns. Hiesige Stecker passen nicht in Schweizer Steckdosen, so dass Sie für deutsche Elektrogeräte einen Adapter mitnehmen sollten.

Telefon

Wollen Sie aus der Schweiz nach Deutschland oder Österreich telefonieren, müssen Sie zunächst die internationale Vorwahl wählen. Für Deutschland ist dies die 0049, für Österreich die 0043. Anschließend wählen Sie die Ortsvorwahl **ohne** die führende Null und dann die Teilnehmernummer. Für Telefonate in die Schweiz wählen Sie die internationale Vorwahl 0041. Innerhalb der Schweiz wählen Sie nur die Ortsvorwahl **mit** der führenden Null und anschließend den Teilnehmer.

Verschiedene Mobilfunknetze decken die Schweiz fast vollständig ab. Erkundigen Sie sich bei Ihrem Netzbetreiber nach den günstigsten Tarifen.

Wegen ungünstiger topographischer Bedingungen kann es in abgelegenen Bergregionen unter Umständen zu Empfangsstörungen kommen.

Unterkunft

Die Schweiz bietet dank ihrer langen Tradition als Fremdenverkehrsland eine breite Palette an denkbaren Unterkunftsmöglichkeiten. Allerdings sollten Sie beachten, dass nicht jede Einrichtung zu jeder Jahreszeit oder an jedem Wochentag geöffnet hat. Dies gilt vor allem für kleine Häuser in den abseits der Touristenregionen gelegenen Gebieten. Die großen Hotels in den größeren Orten haben dagegen ganzjährig täglich geöffnet.

Anzuraten ist auch, vor allem während der Hauptreisezeit, seine Unterkunft im voraus zu buchen. Besonders in Ortschaften mit wenig Übernachtungsöglichkeiten kommt es während dieser Zeit häufig vor, dass alle Betten ausgebucht sind.

Hotels

Die Hotels haben in der Schweiz ein ausgesprochen gutes Niveau, sind aber oft nicht ganz billig. Preiswerte Hotels sind die so genannten **E&G-Hotels** (einfach und gemütlich), in denen die persönliche Atmosphäre wichtiger als eine Luxusausstattung ist und bei denen es sich meist um landestypische Häuser handelt. Weitere landestypische Häuser firmieren unter dem Logo **SSH Landgasthof**.

B&B

Bed & Breakfast, eine Unterkunftsart, die auf den britischen Inseln eine lange Tradition hat, beginnt auch in der Schweiz langsam Fuß zu fassen. Immer mehr Privatleute bieten Zimmer in ihren Privathäusern Gästen zur Übernachtung an, Familienanschluß inklusive. Allerdings sollten Sie hier darauf achten, dass nicht immer alles B&B ist, wo B&B draufsteht. Wegen der Popularität der Unterbringungsart gehen mehr und mehr auch traditionelle Gasthäuser und kleinere Hotels dazu über, ihre Zimmer ebenfalls unter diesem Etikett anzubieten.

ℹ **Bed & Breakfast Switzerland**, ☎ 061/7022151, 💻 <www.bnb.ch>. Informationen zu zahlreichen B&B-Häusern in der ganzen Schweiz; jährlich wird ein B&B-Führer herausgegeben, der für SFR 20,- plus Porto über die Organisation zu beziehen ist.

Naturfreundehäuser

Eine besondere Kategorie sind die Naturfreundehäuser, die es auch in anderen europäischen Ländern gibt. Die Häuser liegen meist in besonders schöner Lage und bieten meist sowohl Zimmer als auch Massenlager an. Viele Häuser sind für Selbstkocher eingerichtet, einige bieten auch Mahlzeiten an. In den meisten Häusern ist eine Reservierung obligatorisch.

NFS, Pavillonweg 3, 3012 Bern, ☏ 031/3066767, <www.naturfreunde.ch>.

Jugendherbergen

Wie in vielen anderen Ländern gibt es auch in der Schweiz eine Jugendherbergsorganisation, die insgesamt etwa 80 Jugendherbergen, in der Schweiz Jugi genannt, betreut.

Anders als in Deutschland kann man in Schweizer Jugendherbergen auch übernachten, wenn man kein Mitglied einer Jugendherbergsorganisation ist. Allerdings zahlt man dann auf den Grundpreis (je nach Herberge um die SFr 30) einen Aufpreis von SFr 6 pro Nacht. Für den Wanderer praktisch ist ebenfalls, dass in den Jugis Bettwäsche gratis abgegeben wird.

In den meisten Häusern erhält man neben den Zimmerschlüsseln auch einen Haustürschlüssel, so dass man zu jeder Tages- und Nachtzeit Zutritt zu seinem Zimmer hat.

Wer Mitglied in einem nationalen Verband werden möchte, kann sich an folgende Organisationen wenden:

In Deutschland:

- DJH Service GmbH, Bismarckstr. 8, 32756 Detmold, ☏ 05231/74010, <www.jugendherberge.de>.

Der Mitgliedsbeitrag beträgt für Jugendliche bis einschließlich 26 Jahre € 10,50 und für Familien/Senioren € 18 jährlich.

In Österreich:

- Österreichischer Jugendherbergsverband, Schottenring 28, 1010 Wien, ☏ 01/5335353, <www.oejhv.or.at>.

Der Jugendherbergsausweis kostet in Österreich für Jugendlich bis 18 Jahre € 10, für Menschen von 18 bis 27 Jahren € 15 und ab 27 Jahre € 20 .

In der Schweiz:

- Schweizer Jugendherbergen, Schaffhauserstr. 14, 8042 Zürich, ☎ 1360/1414, 🖳 <www.youthhostel.ch>.

Der Mitgliedsbeitrag beträgt für Jugendliche bis zum 18. Geburtstag SFr 22 und für Senioren ab dem 18. Geburtstag SFr 33 jährlich.

Backpacker

Einfache Unterkünfte für Rucksacktouristen werden in den sog. Backpacker-Hostels angeboten. In den Zimmern, normalerweise für mehr als zwei Personen, findet man oft Etagenbetten. Sanitäre Einrichtungen sind meist auf der Etage. Oft haben diese Häuser einen Aufenthaltsraum und eine von allen Gästen zu benutzende Küche. Die Übernachtungspreise (ohne Frühstück) schwanken je nach Haus und beginnen bei etwa SFr 25 pro Person.

ℹ im Internet unter 🖳 <www.backpacker.ch>.

Schlafen im Stroh

Großer Beliebtheit erfreut sich in letzter Zeit die Möglichkeit, auf Bauernhöfen in Scheunen im Stroh zu übernachten. Die Zahl der Anbieter wird immer größer.

Inzwischen wurde auch ein Verein gegründet, in dem sich ca. 250 Bauernfamilien zusammengetan haben, die diese Übernachtungsmöglichkeit anbieten. Die Mitglieder haben sich verpflichtet, bestimmte Qualitätskriterien einzuhalten. Die Preise für eine Übernachtung sind für die ganze Schweiz einheitlich (20 SFr + Kurtaxe) und enthalten ein reichhaltiges Frühstück. Leistungen wie z.B. Duschen müssen extra bezahlt werden.

ℹ im Internet unter 🖳 <www.abenteuer-stroh.ch>.

Gruppen

Größere Gruppen sollten Ihre Unterkunft generell im Voraus buchen. Behilflich ist dabei die seit mehr als 30 Jahren tätige Branchenorganisation CONTACT groups.ch, die in der ganzen Schweiz Gruppenunterkünfte vermittelt.

ℹ CONTACT groups.ch, Spitzackerstr. 19, 4410 Liestal, ☎ 061/9266000, 🖳 <www.groups.ch>.

Darüber hinaus gibt es noch eine Reihe weiterer Übernachtungsmöglichkeiten in der Schweiz wie z.B. in Universitäten, kirchlichen Einrichtungen oder Häusern der Gemeinde. Auskünfte erteilen die Fremdenverkehrsbüros vor Ort.

Zum Gebrauch des Reiseteils

Im Reiseteil wird der gesamte Weg vom Bodensee bis zur französischen Grenze bei Genf in insgesamt 19 Etappen beschrieben. Die Etappenlänge ist so gewählt, dass Sie den Weg an einem Tag gut bewältigen können. Start- und Zielorte sind so ausgesucht, dass sie möglichst gut mit öffentlichen Verkehrsmitteln zu erreichen sind, um das Ein- oder Aussteigen auf beliebigen Abschnitten des Weges zu ermöglichen. Auf diese Weise können Sie auch bestimmte Streckenteile auslassen und mit öffentlichen Verkehrsmitteln überbrücken. Außerdem wurde darauf geachtet, dass in den jeweiligen Zielorten möglichst mehrere unterschiedliche Übernachtungsmöglichkeiten vorhanden sind. Selbstverständlich wurden auch solche Orte gewählt, die besondere touristische Highlights bieten und wo es sich lohnt, etwas zu verweilen.

Die hier vorgestellten einzelnen Etappen sind allerdings nur als Vorschläge zu verstehen. Selbstverständlich ist es jedem selbst überlassen, je nach Lust und Laune andere Start- oder Zielorte zu wählen.

In einigen Regionen gibt es ausgeschilderte Alternativstrecken. Attraktive Alternativen und lohnende Abstecher vom Hauptweg wurden in den Führer aufgenommen.

Jede Einzeletappe beginnt mit einem tabellarischen Teil, der "technische" Daten wie Wanderzeit und Höhenangaben sowie Informationen zur Anbindung an das öffentliche Verkehrsnetz enthält.

☞ Die Angaben zur Wanderzeit sind nur grobe Richtwerte und variieren je nach eigener Geschwindigkeit. Sie enthalten keine größeren Pausen.

Anschließend erfolgt kursiv abgesetzt eine kurze Wegbeschreibung. Da die einzelnen Routen durchgängig markiert sind, erübrigt sich eine detaillierte Beschreibung des Weges. Diese würde bei der Gesamtlänge der hier vorgestellten Routen auch den Rahmen eines Wanderführers sprengen und ihn bei der Wanderung zu einer echten Last werden lassen. Ziffern in der Wegbeschreibung verweisen auf ausführliche Erklärungen im Hauptteil der jeweiligen Etappenbeschreibung. Diese Ziffern finden sich auch in den einzelnen Etappenkarten wieder.

Im Hauptteil einer jeden Etappenbeschreibung wird auf touristisch interessante Aspekte entlang des Weges näher eingegangen. Dabei wird besonderer Wert auf Themen gelegt, die mit der Jakobspilgerschaft in Zusammenhang stehen. Aber auch andere Sehenswürdigkeiten werden erwähnt.

Sie finden auch Hinweise zu Übernachtungsmöglichkeiten. Für die meisten Orte wurden beispielhaft einige Objekte aufgeführt. Dabei wurden nach Möglichkeit Objekte verschiedener Preisklassen ausgesucht, die nahe am Weg liegen. Die Auswahl ist rein subjektiv und erhebt keinen Anspruch auf Vollständigkeit. Die entsprechenden Verkehrsbüros oder Informationszentren nennen Ihnen gern weitere Angebote. Die Preisangaben gelten für eine Person für die preiswertesten Zimmer (oft Mehrbettzimmer) und schließen in der Regel das Frühstück mit ein.

Wie bereits weiter oben erwähnt, ist der Jakobsweg vom Bodensee bis nach Genf durchgängig markiert. Die Markierung besteht in der Regel aus braunen Markierungszeichen, die als Wegweiser mit Standortangabe und Marschzeiten ausgeführt sein können, als brauner Rhombus mit Jakobsmuschel und/oder der Aufschrift "Jakobsweg" oder als einfacher brauner Richtungspfeil. In einigen Orten finden Sie auch eine gelbe stilisierte Muschel auf blauem Grund. Hilfreich sind auch die fast überall anzutreffenden gelben Wanderwegweiser mit Angaben der Marschzeiten. Im Zweifelsfall sollten Sie diesen Wegweisern bis zur nächsten Jakobswegmarkierung folgen.

Obwohl die für den Weg verantwortlichen Wanderorganisationen versuchen, schadhafte, irreführende oder fehlende Markierungen möglichst sofort wieder zu ersetzen, sollten Sie sich nicht darauf verlassen, dass an jeder möglichen Abzweigung auch wirklich eine Markierung zu finden ist. Daher sollte jeder Pilger neben diesem Führer auch entsprechende Wanderkarten mitnehmen, zumal die Karten in diesem Handbuch nur zur Groborientierung und Übersicht dienen können.

In der folgenden Karte sind zur Übersicht die Einzeletappen dargestellt.

Schweizer Jakobsweg Etappenübersicht

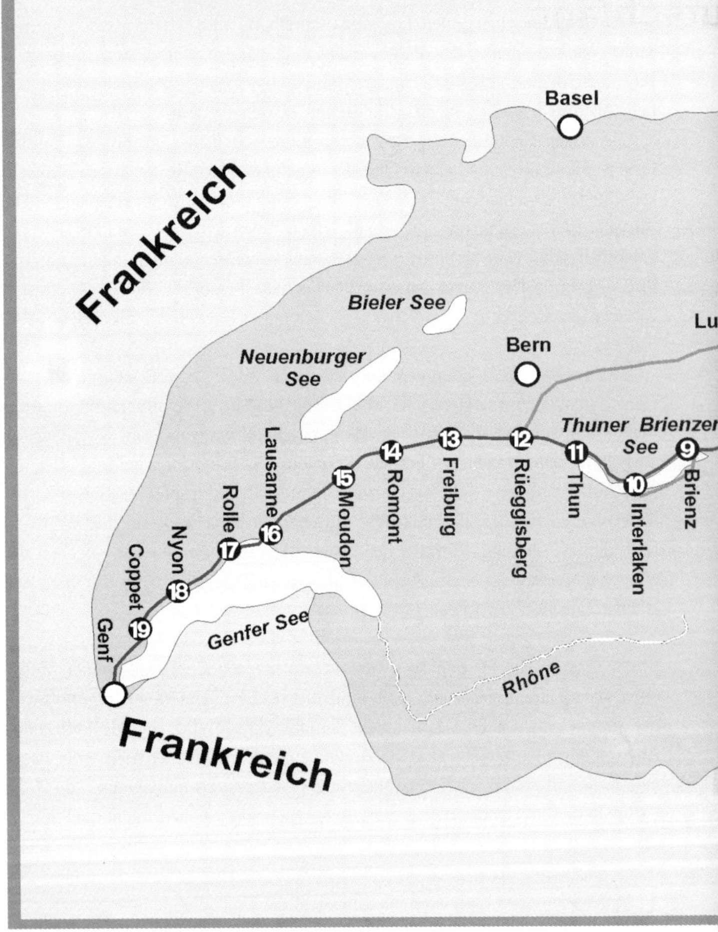

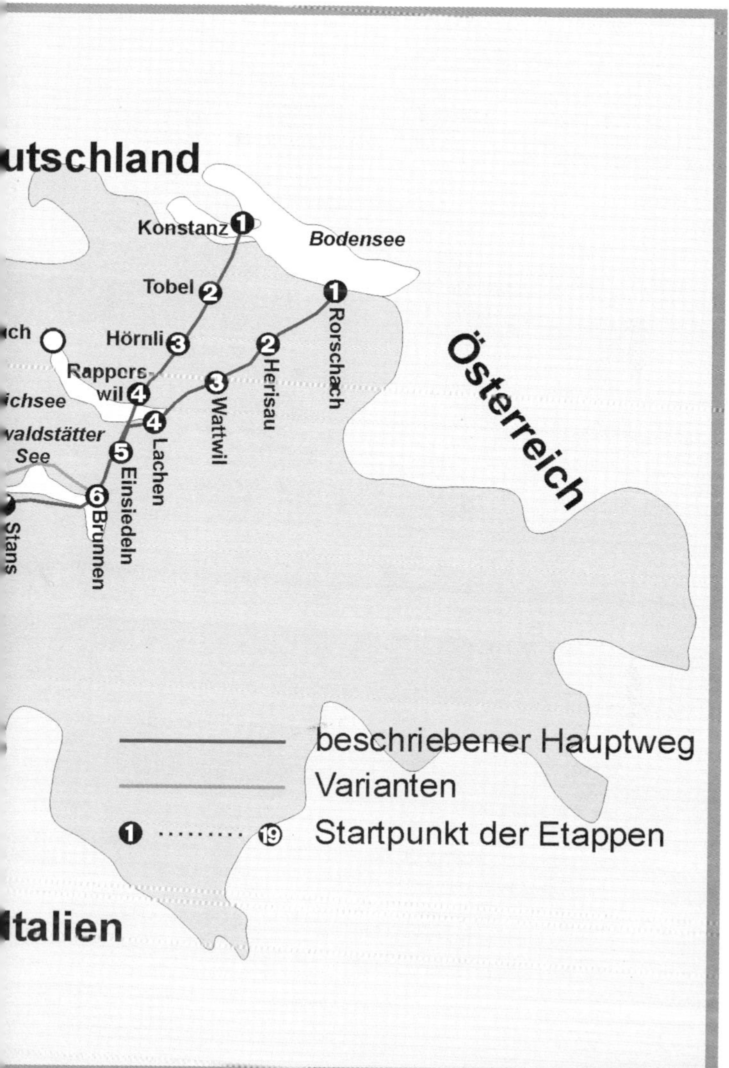
utschland
Konstanz
Bodensee
Tobel
Rorschach
ch
Hörnli
Herisau
Rappers-
wil
ichsee
Wattwil
Österreich
valdstätter
See
Lachen
Einsiedeln
Brunnen
Stans
beschriebener Hauptweg
Varianten
Startpunkt der Etappen
Italien

Der Jakobsweg in 19 Etappen

Ostschweiz

Sie können mit Ihrer Wanderung auf Jakobswegen durch die Schweiz an verschiedenen Punkten beginnen. Durchgehend markiert sind zwei Varianten. Zum einen die als **Appenzellerweg** bezeichnete Route, die von Rorschach am Bodensee ausgeht. Diese Strecke wurde im Mittelalter vor allem von Pilgern genutzt, die sich über Bayern auf den Weg machten. Ein weiterer Startpunkt ist Konstanz. Von hier machten sich die Pilger auf, die über Schwaben in die Schweiz kamen. Folglich wird dieser Weg auch **Schwabenweg** genannt. Beide Routen treffen kurz vor Einsiedeln aufeinander.

In diesem Führer wird neben dem zunächst beschriebenen Appenzellerweg (Etappen A1 bis A4) auch der Schwabenweg (Etappen B1 bis B4) behandelt, so dass jeder nach seinen Anreisemöglichkeiten die günstigste Startvariante wählen kann.

Appenzellerweg
A1. Von Rorschach nach Herisau

⌛ ca. 6 Std.

Rorschach	398 m
Untereggen	599 m
St. Gallen	668 m
Herisau	778 m

Der Startpunkt des Jakobsweges in ***Rorschach*** *① liegt am Hafenbahnhof am Bodensee. Sie verlassen den Ort südwärts. Hinter der Autobahn passieren Sie das Schloß Sulzberg ②und wandern entlang des Schloßteiches in die* ***Gemeinde Untereggen*** *③.*

Sie verlassen Untereggen durch den Ortsteil Hinterhof und gelangen an die Tiefe Schlucht des Flusses Goldach, den ***Martinstobel*** *④. Nächstes Ziel ist* ***St. Gallen*** *⑤. Über die Vorstadt Neudorf, weiter entlang des Hagebuchwaldes und durch die alte Vorstadt Linsebühl erreichen Sie die Altstadt mit dem Stiftsbezirk und der Kathedrale.*

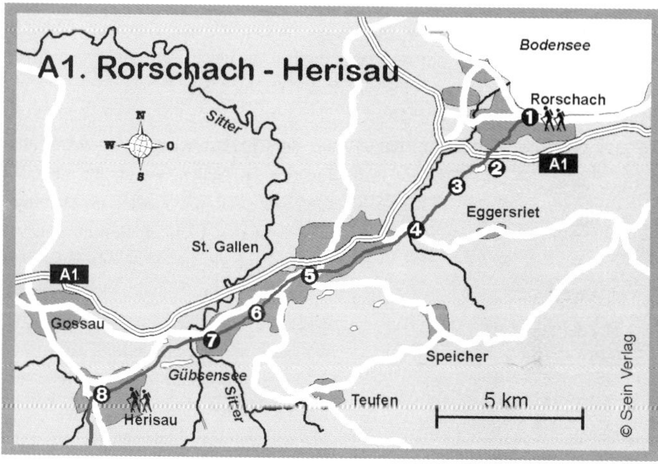

Sie verlassen das Zentrum St. Gallens westwärts und passieren die Burg Waldegg mit ihrem schönen Burgweiher. Bald darauf erreichen Sie den Ortsteil Schönwegen mit der ***Kapelle Maria Einsiedeln*** *⑥. Nächstes Ziel ist der Ortsteil* ***Bruggen*** *⑦.*

Der Weg führt nun weiter durch ein Naturschutzgebiet entlang des Gübsensees mit dem kleinen Schloss Sturzenegg, von wo es nicht mehr weit bis zur Stadtmitte von ***Herisau ist.*** *⑧.*

① Rorschach

- **Tourist-Information Rorschach am Bodensee**, Hauptstr. 63, 9400 Rorschach, ☏ 071/8417034, <www.tourist-rorschach.ch>.
- **Hotel Rössli**, Hauptstr. 88, 9400 Rorschach, ☏ 071/8446868, <www.hotel-roessli.ch>, 77 Betten, ab SFr 55.
- **Jugendherberge Rorschach**, Churerstr., 9400 Rorschach, ☏ 071/8449712, <rorschach.see@youthhostel.ch>, 60 Betten, ab SFr 34. Die neu gebaute Jugendherberge liegt in ruhiger Umgebung direkt am Bodensee. Sie ist in das Strandbad Rorschach integriert.

Bereits im Jahre 947 verlieh König Otto I. dem Ort das Markt-, Münz- und Zollrecht. Rorschach entwickelte sich im Laufe der Zeit mehr und mehr zu einem der großen Durchgangsorte für Jakobspilger in der Schweiz. Heute erinnert z.B. noch der **Jakobsbrunnen** auf dem Kronenplatz an diese Zeit. An seiner Stelle stand bis 1833 die Jakobskapelle, eine Raststätte für Pilger.

Jakobsstatue auf dem Kronenplatz

Rorschach war lange Zeit der Seehafen von St. Gallen, wo im wesentlichen Getreide verschifft wurde. Im Hafengebiet steht das 1749 in Betrieb genommene **Kornhaus**, das als Wahrzeichen der Stadt gilt. In ihm befindet sich heute ein Museum, das Exponate zur Geschichte der Stadt und der Umgebung zeigt.

Sehenswert sind auch mehrere alte **Patrizierhäuser** entlang der Haupt- und Mariabergstraße. Über die letztgenannte Straße gelangen Sie auch zum **Kloster Mariaberg**. Die 1487 bis 1489 erbaute Anlage ist ein schönes Beispiel spätgotischer Baukunst. Das Gebäude, das nie ein Kloster war, wird seit 1864 für Lehrerseminare genutzt.

② Schloss Sulzberg

Das **Schloss Sulzberg** mit seinem imposanten quadratischen Turm dient heute Wohnzwecken. Im Volksmund wird es nach seinen früheren Besitzern aus Ravensburg "**Mötteli-Schloss**" genannt. Der zugehörige Schlossteich ist mit dem angrenzenden Land inzwischen Naturschutzgebiet, wo sich seltene Pflanzen und Tiere beobachten lassen. Darüber hinaus haben Sie von hier einen herrlichen Blick auf den Bodensee.

③ Untereggen

Die Gemeinde besteht aus den drei Ortsteilen Vorderhof, Mittelhof und Hinterhof und hat insgesamt etwa 1000 Einwohner. Sehenswert ist die 1784 vollendete katholische **Pfarrkirche St. Maria Magdalena**. Im Innern der Barockkirche sind schöne Stuckarbeiten und Deckengemälde zu sehen.

④ Martinstobel

Bereits 1468 wurde die Goldach an dieser Stelle mit einer hölzernen Hängebrücke überspannt, um den Warenverkehr zwischen St. Gallen und dem Bodensee zu erleichtern. Heute verbindet eine moderne Straßenbrücke die beiden Talseiten.

⑤ St. Gallen

St. Gallen-Bodensee Tourismus, Bahnhofplatz 1a, 9001 St. Gallen, ☏ 071/2273737, <www.st.gallen-bodensee.ch>.

Hotel Vadian, Gallusstr. 36, 9000 St. Gallen, ☏ 071/2281878, <vadian@vch.ch>, 28 Betten, ab SFr 70. Das kleine Hotel liegt in der Altstadt nur wenige Schritte von Kathedrale und Stiftsbibliothek entfernt.

Jugendhorberge St. Gallen, Jüchstr. 25, 9000 St. Gallen, ☏ 071/2454777, <st.gallen@youthhostel.ch>, 88 Betten, ab SFr 27. Die frisch renovierte Jugendherberge liegt am Ortsrand mit schönem Blick auf die Stadt, nur 10 Gehminuten von der Altstadt entfernt.

Die Ostschweizer Metropole St. Gallen ist mit gut 70.000 Einwohnern die siebtgrößte Stadt der Schweiz. Der Ort liegt landschaftlich schön in einem zerklüfteten Hochtal zwischen Bodensee und Säntismassiv.

Stadt und Name gehen auf den irischen Wandermönch Gallus zurück, der sich hier Anfang des 7. Jahrhunderts niederließ.

Neben der schönen **Altstadt** mit ihren kleinen Gassen, den schönen Plätzen und oft reich verzierten Fassaden der alten Kaufmannshäuser ist vor allem der Stiftsbezirk mit der aus der Mitte des 18. Jahrhunderts stammenden barocken **Kathedrale** sehenswert, die als Weltkulturerbe unter dem Schutz der UNESCO steht.

Lohnenswert ist ein Besuch im Inneren der **Stiftskirche** mit ihren prachtvollen Fresken. Weltberühmt ist die **Stiftsbibliothek**. Der Bibliotheksraum gilt als der schönste Rokokosaal der Schweiz. Er entstand Mitte des 18. Jahrhunderts. Weltweite Bedeutung hat die Sammlung frühmittelalterlicher Handschriften

Interessant ist auch die **St. Laurenzen Kirche** mit ihrem Aussichtsturm. Die Mitte des 19. Jahrhunderts umgestaltete, neugotische Basilika ist die Hauptkirche der reformierten Einwohner.

Im Mittelalter war der Ort von einer Stadtmauer umgeben. Von den ehemals 11 Stadttoren ist heute nur noch das 1570 erbaute **Karlstor** erhalten geblieben.

⑥ Kapelle Maria Einsiedeln

Die Kapelle Maria Einsiedeln in Schönwegen mit ihrem schon von weitem sichtbaren großen Turm wurde Ende des 17. Jahrhunderts anstelle eines Feldkreuzes erbaut. Sie wird im Volksmund als Jakobskapelle bezeichnet.

⑦ Bruggen

In Bruggen ist das Innere der katholischen Kirche **St. Martin** sehenswert. Die tief eingeschnittene Schlucht der Sitter überqueren Sie über eine Brücke aus Sandstein, die in den Jahren von 1807 bis 1811 erbaut wurde. Von hier aus haben Sie einen schönen Blick auf die moderne **Fürstenlandbrücke**. Ohnehin ist Bruggen mit den vier gigantischen, aus verschiedenen Jahrhunderten stammenden Brücken über die Sitter ein wahres "Brückenmuseum".

⑧ Herisau

- **Verkehrsbüro Herisau**, Oberdorfstr. 24, 9102 Herisau ☏ 071/3533035, <www.herisau.ch>.
- **Gasthaus Marktplatz Herisau**, Wiesental 1, 9100 Herisau, ☏ 071/3523212, <www.marktplatzherisau.ch>, ab SFr 55. Das Gasthaus liegt zentrumsnah.
- ♦ **Hotel-Gasthof Bären**, Alpsteinstr. 1, 9100 Herisau, ☏ 071/3511716, <www.notiz.ch/hotel-baeren-herisau/>, 12 Betten, ab SFr 45. Das seit 1793 bestehende Gästehaus bietet schmackhaftes Essen und hat ein schönes Straßencafé.

Herisau, Anfang des 9. Jahrhunderts zum erstenmal schriftlich erwähnt, bezeichnet sich als Tor zum Appenzellerland. Sehenswert ist das **Alte Rathaus** am Kirchplatz, das 1828 erbaut wurde und seit 1967 als Heimatmuseum dient sowie die Anfang des 16. Jahrhunderts erbaute **St. Lauritiuskirche** mit ihrem interessanten Innenraum.

An die Jakobspilgerschaft erinnert der Pilgerbrunnen. Typische **Appenzeller Holzhäuser** aus dem 17. und 18. Jahrhundert, darunter die ehemalige Herberge *Das Weisse Rössli*, finden Sie man in der Schmiedgasse, über die der Jakobsweg verläuft.

A2. Von Herisau nach Wattwil

⌛ ca. 6 Std.

Herisau	778 m
Schwellbrunn	1.000 m
Restaurant Sitz	1084 m
St. Peterzell	903 m
Wattwil	613 m

Sie verlassen Herisau südwärts. Durch das Glatttal geht es aufwärts auf den Nieschberg (917 m), von wo aus sich Ihnen eine besonders schöne Rundsicht auf die Umgebung bietet. Über den Hörnli-Pass und die Waldstätter Vollholstatt erreichen Sie nach kurzer Gehzeit den Richtung Schwellbrunn führenden Höhenweg. In einiger Entfernung wandern Sie südlich an ***Schwellbrunn*** *① vorbei und steigen dann langsam auf zum Bergrestaurant Sitz (1084 m), wo Sie den höchsten Punkt dieser Etappe erreicht haben.*

Nun geht es wieder abwärts nach ***St. Peterzell*** *②. Im Dorf überqueren Sie die Necker und wandern nun aufwärts Richtung Hofstetten mit seinen schönen, reich verzierten Holzhäusern. Durch ein Tal geht es dann wieder aufwärts über den*

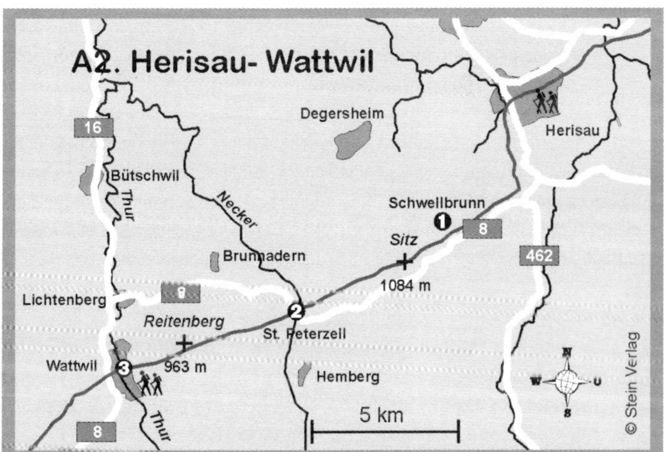

Reitenberg (963 m) zum Gasthaus Churfirsten, bis der Weg nach ***Wattwil*** *③ ins Thurtal hinunterführt.*

① Schwellbrunn

ℹ **Gemeindeverwaltung Schwellbrunn**, Dorf 51, 9103 Schwellbrunn, ☎ 071/3533800, 🖳 <www.schwellbrunn.ch>.

🛏 **Hotel Harmonie**, Dorf 10, 9103 Schwellbrunn, ☎ 071/3511030, 🖳 <www.harmonie.schwellbrunn.ch>, 12 Betten, ab SFr 65. Das aus dem 17. Jahrhundert stammende Haus liegt nahe der evangelischen Kirche.

♦ **Schlafen im Stroh,** Christian und Katharina Koller-Fitze, Schwendi, 9103 Schwellbrunn, ☎ 071/3514507, ✉ <stroh.koller@bluewin.ch>.

Schwellbrunn liegt etwa 15 Gehminuten abseits des Jakobsweges. Es ist der am höchsten gelegene Ort des Kantons Appenzell-Ausserrhoden. Besonders schön ist die Dorfsilhouette, die unter Denkmalschutz steht.

② St. Peterzell

ℹ **Tourist Info**, 9127 St. Peterzell, ☎ 071/3771324, 🖳 <www.stpeterzell.ch>.

🛏 **Landgasthof Rössli**, 9127 St. Peterzell, ☎ 071/3771215, 🖳 <www.roessli-peterzell.ch>, 10 Betten, ab SFr 50 ohne Frühstück.

♦ Im Dorfzentrum gibt es ein **Massenlager**, wo in 2 Räumen insgesamt 97 Personen Schlafplätze finden. Waschräume, Duschen und ein Trocknungsraum stehen zur Verfügung. Anmeldungen bei Willi Signer unter ☎ 071/3771741 oder 079/3027950.

St. Peterzell, im Neckertal gelegen, ist eine kleine Gemeinde mit etwas mehr als 500 Einwohnern. Der Name geht auf eine Einsiedelei zurück, die im 11. Jahrhundert zu Ehren von Petrus gebaut worden war. Heute bestimmen schöne Bürgerhäuser, wie z.B. das **Rothus**, das Ortsbild. Besonders sehenswert ist auch das **alte Bädli** mit seiner reich verzierten Fassade und einem historischen Badeschild.

③ Wattwil

ℹ **Tourist Info Wattwil**, Grüenaustr. 7, 9630 Wattwil, ☎ 071/9875551, 🖳 <www.wattwil.ch.

🛏 **Hotel Löwen**, Ebnaterstr. 55, 9630 Wattwil, ☎ 071/9885133, 70 Betten, ab SFr 40. Das Hotel liegt östlich der Thur in der Nähe des Bahnhofes.

- **Gasthaus Churfirsten**, 9630 Wattwil, ☏ 071/9881284, 42 Betten, ab SFr 40. Das Gasthaus liegt außerhalb des Ortes direkt am Jakobsweg. In einem Massenlager stehen zusätzlich 30 Schlafplätze für SFr 30 zur Verfügung.
- Für bis zu 3 Personen bietet auch das **Kapuzinerinnenkloster St. Maria der Engel** auf der nordwestlichen Anhöhe Wattwils eine Herberge. Rechtzeitige Voranmeldung ist unter ☏ 071/9881062 nötig.

Wattwil ist mit etwa 8.300 Einwohnern das wirtschaftliche Zentrum im Toggenburg. Die Textilindustrie ist hier seit dem 19. Jahrhundert ansässig.

Der Name der Stadt kommt von *Wattinwilare*, was soviel wie Gehöft des Watto heißt. Der Ort war schon sehr früh Versammlungsplatz der Toggenburger. Schon im Jahre 897 wurde er erstmals schriftlich erwähnt.

Wattwil war Knotenpunkt mehrerer Pilger- und Handelswege. Seit dem Mittelalter gab es hier eine Fähre über die Thur. Noch Mitte des 18. Jahrhunderts mussten die Fährleute arme Pilger kostenlos befördern.

Sehenswert ist das **Kapuzinerinnenkloster St. Maria der Engel**, das aus einer Gemeinschaft aus dem 13. Jahrhundert hervorging. Die im 17. und 18. Jahrhundert errichtete Anlage ist die besterhaltene im Kanton St. Gallen. Die benachbarte **Burg Iberg** wurde Mitte des 13. Jahrhunderts errichtet.

A3. Von Wattwil nach Lachen

⌛ ca. 7 ½ Std.

Wattwil	613 m
Laadpass	918 m
Rüeterswil	744 m
St. Gallenkappel	563 m
Neuhaus	502 m
Schmerikon	408 m
Grinau	412 m
Tuggen	410 m
Lachen	408 m

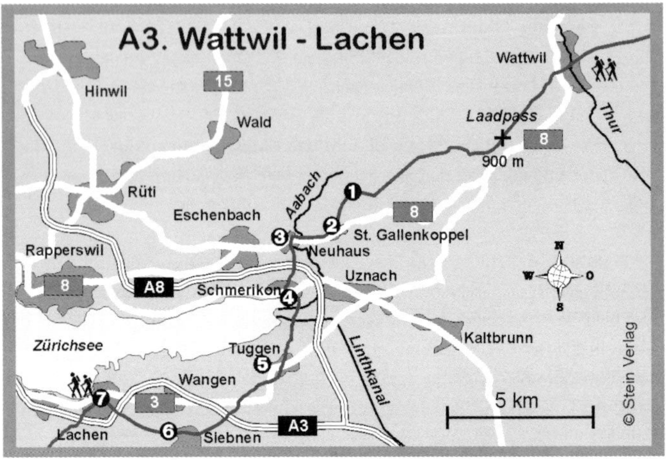

Von Wattwil geht es zunächst vorbei an der Burg Iberg und dem Kloster St. Maria der Engel hinauf zum Laadpass in gut 900 m Höhe, von wo aus Sie einen schönen Blick in die Umgebung haben. Vorbei an einer riesigen, nicht so recht in die Landschaft passenden Schießanlage gelangen Sie nach Oberricken und schließlich in die kleine Ortschaft Walde. Beim Abstieg bieten sich Ihnen nun schöne Ausblicke auf den oberen Zürichsee. Kurz hinter Walde verlassen Sie die Hauptstraße und gelangen über Widen nach **Rüeterswil** ①. *Von dort ist es dann nur noch eine kurze Strecke, bis Sie in* **St. Gallenkappel** ② *wieder eine etwas größere Ortschaft erreichen. Von hier erreichen Sie nun in weniger als 30 Minuten* **Neuhaus** ③, *wo Sie kurz vor dem Ort das Flüsschen Aabach überqueren.*

☞ *An der Kapelle haben Sie die Möglichkeit, auf einem kürzeren, ebenfalls markierten Weg über Rapperswil nach Einsiedeln zu gelangen. Wenn Sie diese Route wählen, gelangen Sie in etwa 2 Stunden in Rapperswil auf die Pilgerroute, die von Konstanz nach Einsiedeln führt.*

Der an dieser Stelle beschriebene Weg führt weiter Richtung Süden nach **Schmerikon** ④, *das Sie in etwa 30 Minuten erreichen.*

Von Schmerikon aus geht es zunächst entlang des Sees Richtung Osten weiter. Im Osten des Sees passieren Sie ein großes Schilffeld und überqueren erneut das Flüsschen Aabach. Auf einem Damm erreichen Sie das Schloss Grinau, das Anfang des 14. Jahrhunderts gebaut wurde und heute ein Gasthaus beherbergt. Hier verlassen Sie den Kanton St. Gallen und betreten den Kanton Schwyz. Nächstes Ziel ist ***Tuggen*** *⑤, das Sie in einer guten halben Stunde erreichen.*

Über eine Anhöhe gelangen Sie in das Dorf ***Siebnen*** *⑥ mit der St. Niklaus Kapelle. Über Galgenen mit seiner spätgotischen St. Jost Kapelle sind Sie dann in einer guten halben Stunde in* ***Lachen*** *⑦.*

① Rüeterswil

Rüeterswil, zur Gemeinde St. Gallenkappel gehörend, hat knapp 400 Einwohner. Das malerische Dörfchen mit seinem herrlichen Rundblick auf die Glarner Alpen ist ein beliebter Ausgangspunkt für Wanderer. Einen Besuch wert ist die 1818 errichtete **Kapelle St. Ursula**, in der mit einer Figur des Heiligen Jakobus an die Jakobspilger erinnert wird. Der benachbarte Gasthof wurde im 18. Jahrhundert errichtet und ist, wenn man Durst oder Hunger hat, auch einen Besuch wert.

② St. Gallenkappel

🛏 **Schlafen im Stroh** bei Franz und Margrit Tschümperlin, Rickengasse 66, 8735 St. Gallenkappel, ☏ 055/2841408 oder 079/7568368.

Die etwas mehr als 1000 Einwohner zählende Gemeinde St. Gallenkappel liegt am Südhang des oberen Zürichsees. Sehenswert ist die **barocke Kirche** des bekannten Appenzeller Baumeisters Grubenmann aus dem Jahre 1754. Die Kirche geht vermutlich auf eine Kapelle aus dem 11. Jahrhundert zurück, die an der Kreuzung zweier Pilgerstraßen lag.

③ Neuhaus

Sie queren bei Neuhaus die Aabach über die 1830 erbaute Holzbrücke, über die noch bis vor 30 Jahren der gesamte Autoverkehr rollte. Die in der Nähe der Brücke hoch über dem Tal stehende **Jakobskapelle** stammt aus dem frühen 17. Jahrhundert.

④ Schmerikon

🛏 **Strandhotel Schmerikon**, 8716 Schmerikon, ☏ 055/2825600, 💻 <www.strand-hotel.ch>, ab SFr 80. Wer über genügend Geld verfügt, kann es sich in diesem schönen Hotel direkt am See gemütlich machen.

Landgasthof Schloss Grynau bei Schmerikon

Schmerikon war während des Mittelalters ein wichtiger Fährhafen für die Pilger, die sich von hier mit kleinen Schiffen direkt nach Altendorf übersetzen ließen und so ein gutes Stück Weg um den Zürichsee herum einsparten.

Sehenswert ist die **Kirche** mit dem spätgotischem Turm, der noch von dem ersten Bau aus dem Jahre 1500 stammt. Der Hauptbau wurde Ende des 18. Jahrhunderts im Barockstil neu gebaut und Ende des 20. Jahrhunderts erweitert.

⑤ Tuggen

Das Dorf Tuggen liegt geschützt in einer Hangmulde am Südabhang des Buchberges. Nach Süden hin öffnet sich die **Linthebene**, die noch im Spätmittelalter ein See war. Sehenswert ist die 1734 fertig gestellte **Barockkirche** sowie das **Huber-Haus**, das zu den schönsten Gemeindehäusern im Kanton Schwyz zählt.

⑥ Siebnen

Die Kapelle **St. Niklaus**, die schon im frühen 15. Jahrhundert erwähnt wurde, steht mitten im Dorf an einer Stelle, wo früher mehrere Pilgerwege zusammentrafen. In den letzten Jahren ist damit begonnen worden, übermalte Bilder aus dem 17. Jahrhundert freizulegen, die Szenen aus dem Leben von Nikolaus von Myra darstellen.

⑦ Lachen

Touristen-Informationsbüro, Kreuzplatz 6, 8853 Lachen, ☏ 055/4425176, <www.verkehrsverein-lachen.ch>.

Hotel Bären, 8853 Lachen, ☏ 055/4519999, <www.baeren-lachen.ch>, ab SFr 60,-. Das Hotel liegt nur wenige Gehminuten von Zentrum und See entfernt.

Lachen ist mit gut 6.000 Einwohnern die kleinste Schwyzer Gemeinde. Der Marktort liegt direkt am oberen Zürichsee und hat einen schönen Dorfkern. Sehenswert sind auch die spätbarocke **Pfarrkirche** mit ihren beiden Türmen und der **Seehafen**.

A4. Von Lachen nach Einsiedeln

⌛ ca. 3 ½ Std.

Lachen	408 m	
Etzelpass	950 m	
Tüfelsbrugg	838 m	
Waldweg	929 m	
Einsiedeln	882 m	

*Von Lachen aus sind nun erst einmal mehr als 500 Höhenmeter bis zur Passhöhe des Etzelpasses zu bewältigen. Der Weg führt über die kleinen Weiler Bilsen und Schwändi. Am Bauernhaus von Oberschwändi vereinigt sich der von Lachen ausgehende Weg mit dem, der von Rapperswil über Pfäffikon heraufkommt. Von hier aus haben Sie einen schönen Blick auf den Obersee sowie den zurückgelegten Weg und nur noch eine kurze Strecke bis zur **Passhöhe** ① mit Kapelle und Gasthaus, wo Sie einen wunderbaren Blick nach Süden haben.*

*Nächste Station ist die historische **Teufelsbrücke** ②, die Sie nach knapp 15 Minuten erreichen. Eine gute halbe Stunde später gelangen Sie am Weiler **Waldweg** ③ an einen hölzernen Unterstand.*

Beim weiteren Abstieg haben Sie einen grandiosen Blick auf den Sihlsee und das Kloster Einsiedeln. Bevor Sie jedoch den Klosterbezirk erreichen, passieren Sie noch in Horgenberg die Mariensäule und kurze Zeit später die ***St. Gangulfs Kapelle*** *④. Von hier ist es nur noch ein kurzer Weg bis zur Klosteranlage in Einsiedeln ⑤.*

① Etzelpass

🛏 **Pilgergasthaus St. Meinrad**, Etzelpasshöhe, 8847 Egg, ab SFr 45, ☏ 055/4122534, 🖳 <www.st-meinrad.ch>.

Altar in der Kapelle St. Meinrad

Die **Kapelle St. Meinrad** auf dem Etzelpass wurde in den Jahren 1697 und 1698 errichtet. Sie ersetzte einen Bau, der bis ins 13. Jahrhundert zurückreicht. Auch das gleichnamige benachbarte **Pilgergasthaus St. Meinrad** ist für das 14. Jahrhundert bezeugt. Der heutige Bau stammt aus dem Jahre 1759. Im Jahr 2002 übernahm ein neuer Pächter das Gasthaus und unterzog es einer grundlegenden Renovierung.

Die Kapelle erinnert an den Mönch Meinrad, der hier im 9. Jahrhundert für einige Jahre lebte und dann weiter an den Ort des heutigen Einsiedelns zog. Der Legende nach wurde Meinrad von zwei Räubern erschlagen. Seine beiden zahmen Raben verfolgten die Mörder bis nach Zürich, wo sie durch ihr Gekrächze dafür sorgten, dass diese gefasst wurden. Noch heute erinnert der Rabe im Wappen der Stadt Einsiedeln an diese Geschichte.

② Teufelsbrücke

Die **Teufelsbrücke** oder **Tüfelbrugg** über die Sihl wurde 1699 gebaut. Die holzgedeckte sehenswerte Steinbogenbrücke war ein wichtiger Bestandteil des alten Pilgerweges und wurde zudem benötigt, um Baumaterial für das Kloster aus den Steinbrüchen am Etzel nach Einsiedeln zu transportieren. In der Mitte der Brücke befindet sich eine Statue des Brückenheiligen Johannes von Nepomuk aus dem Jahre 1794. An der Brücke steht auch das Geburtshaus des berühmten Naturforschers und Arztes Paracelsus, der von 1493 bis 1541 lebte.

③ Waldweg

Der hölzerne Unterstand am Weiler Waldweg steht an dem Ort, wo bis 1810 die sog. **Galgenchappeli** gestanden hat. In der Galgenkapelle erhielten die zum Tode verurteilten den letzten Segen. Auf der anderen Straßenseite befand sich das Einsiedler Hochgericht, das bis 1799 tagte.

④ St. Gangulfs Kapelle

Bei der 1030 erbauten St. Gangulfs Kapelle kurz vor Einsiedeln handelt es sich um das älteste erhaltene Gebäude in der Gegend. Wie aus alten Bildern zu ersehen ist, führte der Pilgerweg früher direkt durch die Kapelle hindurch.

⑤ Einsiedeln

- **Einsiedeln Tourismus**, Hauptstr. 85, 8840 Einsiedeln, ☏ 055/4184488, <www.einsiedeln.ch.
- **Hotel Linde**, Schmiedenstr. 28, 8840 Einsiedeln, ☏ 055/4184848, <www.linde-einsiedeln.ch>, 30 Betten, ab SFr 45. Das Hotel ist für seine gute Küche und ruhige Lage bekannt.
- **Hotel Sonne,** Hauptstr. 82, 8840 Einsiedeln, ☏ 055/4122821, <www.hotel-sonne.ch>, 55 Betten, ab SFr 45,-. Das Hotel liegt direkt am Klosterplatz..
- **Schlafen im Stroh** ist in dem zu Einsiedeln gehörenden Dorf Egg möglich. Hans & Marietta Schönbächler, Roblosen 1, 8847 Egg, ☏ 055/4125138.
- Robert & Jannette Kuriger, Frühboden 2, 8847 Egg, ☏ 055/4125556.
- Das **Kloster** führt keine Pension im eigentlichen Sinne. Dennoch können Sie dort z.B. für Priester-Exerzitien oder ähnliche Aufenthalte übernachten. Wenden Sie sich an Gastpater Johannes Hauser, Kloster Einsiedeln, 8840 Einsiedeln, ☏ 055/4186240, <gastpater@bluewin.ch>.

Seit mehr als 1000 Jahren pilgern Christen nach Einsiedeln. Im Laufe der Jahrhunderte hat sich der Ort zum wichtigsten **Pilgerzentrum** der Schweiz entwickelt. Mehrere 100.000 Touristen und Pilger aus ganz Europa besuchen jedes Jahr den Wallfahrtsort.

Der Flecken Einsiedeln, der ohne die umgebenden Dörfer heute etwa 7.500 Einwohner zählt, geht auf den weiter oben bereits erwähnten Mönch Meinrad zurück, der hier Mitte des 9. Jahrhunderts zurückgezogen im Wald lebte und schließlich von zwei Räubern ermordet wurde. Nach seinem Tod siedelten sich mehr und mehr Einsiedler in dem unzugänglichen Gelände an. Etwa 70 Jahre nach seinem Tod wurde mit dem Bau eines Benediktinerklosters begonnen, in dem die verstreut im Wald lebenden Eremiten ein Zuhause fanden.

Das Kloster entwickelte sich rasch. Bereits 948 wurde die erste Klosterkirche geweiht. Bei der Weihe soll Christus mit mehreren Engeln erschienen sein. An diese Begebenheit erinnert noch heute die sog. Engelsweihe, die jeweils am 14. September begangen wird. Es handelt sich dabei um das wichtigste Ereignis des Klosters im Jahr.

Neben kirchlichen Aufgaben befaßt sich das Kloster aber auch mit weltlichen Dingen. So beschäftigt es insgesamt etwa 120 Angestellte in der Forst- und Landwirtschaft, in Werkstätten und Schule.

Sehenswert in Einsiedeln ist vor allem die **Klosteranlage**, die als eine der wichtigsten Barockbauten gilt. Die heutige Anlage wurde im 17. und 18. Jahrhundert errichtet. Der Platz vor der Klosterfront ist mit seinen beiden Arkadenhallen dem Petersplatz in Rom nachempfunden. Die in den letzten Jahren umfassend restaurierte **Klosterkirche**, die 1735 geweiht wurde, ist im Inneren aufwendig mit Stuck und Malerei verziert. Die Kirche ist täglich von 5:30 bis 20:30 geöffnet.

Ziel vieler Pilger ist das Gnadenbild der Schwarzen Madonna, das sich in der erst vor wenigen Jahren restaurierten **Gnadenkapelle** befindet. Diese Kapelle steht an der Stelle, wo der Mönch Meinrad ebenfalls seine Kapelle gebaut hatte. In der Gnadenkapelle werden die täglichen Messen gelesen.

Seit dem 15. Jahrhundert unterhält das Kloster eine eigene **Pferdezucht**, die *Cavalli della Madonna*. Die Tiere sind in einem 1765 erbauten Marstall untergebracht. Ein Besuch der Ställe ist möglich.

Etwas außerhalb des Ortes liegt das **Benediktinerinnenkloster Au**. Entstanden ist das Kloster im 13. Jahrhundert aus einer Siedlung von Waldschwestern. Seit mehr als 150 Jahren wird 24 Stunden am Tag ununterbrochen von verschiedenen Schwestern gebetet.

Nur wenigen ist bekannt, dass der im Osten Einsiedelns liegende malerische **Sihlsee** kein natürliches Gewässer ist, sondern 1937 aufgestaut wurde, um Elektrizität zu erzeugen. Davor war das Sihltal eines der größten Moorgebiete in der Schweiz. Heute erkennt man nur noch an wenigen Stellen, dass der See künstlich angelegt wurde.

B: Schwabenweg
B1. Von Konstanz nach Tobel

⌛ ca. 6 ½ Std.

Konstanz	400 m
Kreuzlingen	403 m
Märstetten	502 m
Amlikon	422 m
Tobel	511 m

Startpunkt des Schwabenweges ist die historische Stadt ***Konstanz*** *① am Bodensee. Am Münster finden Sie einen Wegweiser für den Jakobsweg: Nach Einsiedeln sind es 100 km, bis nach Santiago de Compostela 1950 km. Vom Münster aus geht es durch die Altstadt zum Schnetztor. Kurz darauf überqueren*

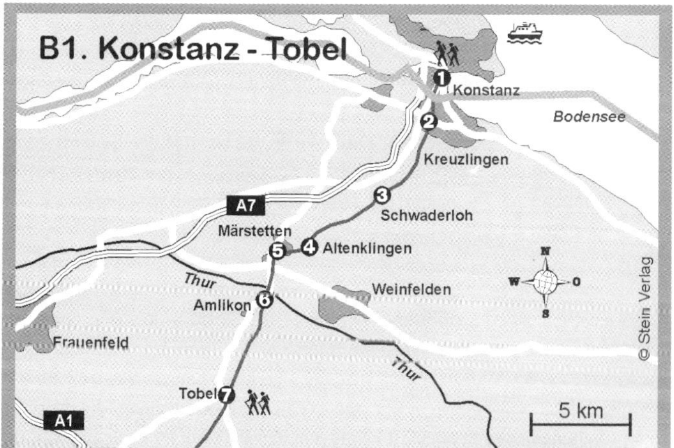

Sie die deutsch-schweizerische Grenze Richtung ***Kreuzlingen*** *②. Durch den Kreuzlinger Stadtteil Emmishofen mit dem Gasthaus Grödelin und der Heiligkreuzkapelle geht es weiter über* ***Schwaderloh*** *③ vorbei am Schloss Altenklingen ④ nach* ***Märstetten*** *⑤ und weiter bis zum Übergang über die Thur kurz vor* ***Amlikon*** *⑥. Über Hünikon und Holzhäusern gelangen Sie nach Maltbach mit dem Restaurant Biene, das in einem sehenswerten Fachwerkhaus aus dem 18. Jahrhundert untergebracht ist. Über Kaltenbrunnen mit der 1780 gebauten Jakobuskapelle Bollsteg und Affeltrangen erreichen Sie das Etappenziel* ***Tobel*** *⑦.*

① Konstanz

🛈 Tourist-Information Konstanz, Bahnhofplatz 13, 78462 Konstanz, ☏ 01805/133030, 💻 <www.konstanz.de>.

🛏 Hotel Graf Zeppelin, St. Stephansplatz 15, D-78462 Konstanz, ☏ 07531/23780, 💻 <www.zeppelin.mdo.de>, 60 Betten, ab € 25. Das schmucke Gebäude liegt am Rande der Altstadt.

♦ **Hotel Gerda**, Bodanstr. 18, D-78462 Konstanz, ☏ 07531/16888, 💻 <www.hotel-gerda.de>, 46 Betten, ab € 28. Das Haus liegt in der Altstadt und ist nur für Nichtraucher.

♦ **Hotel Hirschen**, Bodanplatz 9, D-78462 Konstanz, ☏ 07531/128260, 💻 <www.hirschen-konstanz.de>, 58 Betten, ab € 40,-. Das Hotel liegt mitten in der Altstadt.

♦ **Privatzimmer Büttner**, Rheingasse 19, D-78462 Konstanz, ☏ 07531/26607, ab € 23. Vermietet wird ein Doppelzimmer in den Monaten April bis Oktober. Das Haus liegt im Norden der Altstadt nahe am Rhein.

Preiswerte Übernachtungsmöglichkeit (ab € 10) bietet in den Sommermonaten auch das Studentenwerk der Universität Konstanz.

🛈 Informationen im Internet unter 💻 <www.uni-konstanz.de> oder unter ☏ 07531/883951.

Konstanz liegt landschaftlich sehr schön am Bodensee auf der den Ober- vom Untersee trennenden Landbrücke. Die heute ca. 80.000 Einwohner zählende Kreisstadt ist die größte Ortschaft am Bodensee. Konstanz blickt auf eine lange Geschichte zurück. Älteste Spuren lassen sich bis in die jüngere Steinzeit zurückverfolgen. Im 1. Jahrhundert v. Chr. gab es eine keltische Siedlung, die dann von einer römischen Festung abgelöst wurde, um die sich dann im Laufe der Zeit die

Stadt entwickelte. Bereits im 6. Jahrhundert war der Ort Bischofssitz. Von 1414 bis 1418 fand hier das Konstanzer Konzil statt. Es wurde vom deutschen Kaiser Sigismund einberufen und sollte eine mögliche Kirchenspaltung verhindern sowie den Anspruch mehrerer Päpste, das legitime Oberhaupt der katholischen Kirche zu sein, klären. Anfang des 16. Jahrhunderts wurde der Bischofssitz nach Meersburg verlegt, und 1821 wurde das Bistum zugunsten des neuen Erzbistums Freiburg i. Br. aufgehoben.

Der Rheintorturm in Konstanz

Heute ist Konstanz eine moderne Industrie- und Handelsstadt, die wegen des gut erhaltenen historischen Kerns mit zahlreichen Sehenswürdigkeiten und ihrer Lage in einer prächtigen Landschaft auf Touristen eine große Anziehungskraft ausübt.

Konstanz selbst, aber auch seine Umgebung, bieten dem Besucher eine Fülle landschaftlicher und historischer Sehenswürdigkeiten sowie eine Vielzahl interessanter Möglichkeiten, die Freizeit sinnvoll zu gestalten. Um den Rahmen dieses Führers nicht zu sprengen, seien hier nur beispielhaft einige Highlights herausgegriffen.

In der Tourist-Information erhalten Sie gegen eine Schutzgebühr von € 1 eine Broschüre, die zwei Rundgänge durch die historische Altstadt beschreibt mit detaillierter Erklärung einzelner sehenswerter Objekte.

Ein Muss für jeden Konstanzbesucher ist die historische Altstadt. Da die Stadt im letzten Weltkrieg und auch in kriegerischen Auseinandersetzungen in den Jahrhunderten davor weitgehend von Zerstörungen verschont blieb, sind zahlreiche historische Gebäude vor allem aus der Blütezeit der Stadt im Mittelalter erhalten geblieben.

Von den ehemaligen Stadttoren sind im Norden der Altstadt noch der Rheintorturm und der Pulverturm erhalten. Der Rheintorturm wurde um 1200 zum Schutz der Brücke über den Rhein errichtet. Etwas weiter rheinabwärts steht der im 14. Jahrhundert errichtete Pulverturm, der zeitweise als Gefängnis genutzt wurde. Er bildete die nordwestliche Ecke der Stadtmauer. Der dritte noch erhaltene Wehrbau aus dem Mittelalter ist das Schnetztor, das im 14. Jahrhundert als südliche Stadtbegrenzung erbaut wurde.

In unmittelbarer Nähe steht das Hus Museum, ein Gebäudeensemble aus dem 15. und 16. Jahrhundert. Hier soll der böhmische Reformator Jan Hus gelebt haben. Er wurde 1415 während des Konstanzer Konzils zusammen mit seinem Glaubensbruder Hieronymus von Prag hingerichtet. Jan Hus gilt als Vorläufer der Reformation.

Das Zentrum der Altstadt wird vom Münster Unserer Lieben Frau geprägt. Der Dom des ehemaligen Bistums Konstanz geht auf eine Kirche aus dem 7. Jahrhundert zurück. Hier tagte zwischen 1414 und 1418 das Konzil. Das imposante Bauwerk bietet vor allem im Inneren einzigartige zeitgeschichtliche Kostbarkeiten. Beachtenswert ist auch die weiter südlich stehende St. Stephanskirche, die auf einen Bau aus dem 3. Jahrhundert zurückgeht. Hier tagte während des Konzils das päpstliche Gericht. Durch die Zollernstraße mit ihrem mittelalterlichen Häuserensemble gelangen Sie vorbei am Alten Rathaus (1484 erbaut) zum Bodensee.

Bemerkenswert ist hier das so genannte Konzilsgebäude, das 1388 als Lagerhaus errichtet wurde. Hier fand vom 8. - 11. November 1417 die bisher einzige Wahl eines Papstes auf deutschem Boden statt. Heute dient das Gebäude als Konzert- und Veranstaltungssaal.

Sehenswert ist auch der etwas weiter südlich liegende, in den Jahren 1860 - 1863 errichtete Bahnhof mit seinem neugotischen Turm.

Gleich hinter dem Bahnhof am Ufer des Sees liegt das Sea-Life Konstanz mit dem Bodensee Naturmuseum. Hier können Sie sich u.a. von der Unterwasserwelt des Sees faszinieren lassen.

Wer mehr Zeit hat sollte einen Besuch der Blumeninsel Mainau nicht versäumen, auf der Palmen, Orangen und andere exotische Pflanzen gedeihen.

Ein besonderes Highlight ist die Fahrt mit einem Zeppelin über den Bodensee. Das Luftschiff startet in Friedrichshafen zu seiner etwa einstündigen Tour (Kosten

€ 330 bis 370 pro Person). Buchungen in der Tourist-Information. Übrigens ist der legendäre Luftschiffkonstrukteur Ferdinand Graf Zeppelin Konstanzer. Er wurde in der Bodenseestadt am 8. Juli 1838 geboren.

② Kreuzlingen

ℹ Kreuzlingen Tourismus, Hauptstr. 62, 8280 Kreuzlingen, ☏ 071/6723840, 💻 <www.kreuzlingen.ch>.

🛏 **Hotel Plaza**, Löwenstr. 23, 8280 Kreuzlingen, ☏ 071/6726868, 💻 <www.hotelplaza.ch>, 60 Betten, ab SFr 53.

Jugendherberge Kreuzlingen, Promenadenstr. 7, CH-8280 Kreuzlingen, ☏ 071/6882663, 💻 <www.youthhostel.ch/kreuzlingen>, 178 Betten in 4- und 6-Bettzimmern, ab € 19,50. Die Jugendherberge, die in einer ehemaligen Herrschaftsvilla untergebracht ist, liegt in einem Park am See.

Kreuzlingen ist mit seinen etwas mehr als 17.000 Einwohnern die größte Schweizer Stadt am Bodensee. Sie entstand im letzten Jahrhundert durch den Zusammenschluss mehrerer Bodenseegemeinden.

Gasthaus Grödelin in Emmishofen

Sehenswert ist im Ortsteil Emmishofen das Gasthaus Grödelin, eine ehemalige Pilgerherberge aus dem Anfang des 17. Jahrhunderts. Auf einer Anhöhe im Süden Emmishofens liegt die Heiligkreuzkapelle Bernrain. Die Kapelle wurde um 1388 am Jakobsweg erbaut. Vom 15. Jahrhundert an wurde sie zu einem viel besuchten Wallfahrtsort. Auslöser war die Sage eines Kreuzfrevels. Danach soll ein Knabe, der unter dem Kreuz gelästert und die Nase des Gekreuzigten angefasst hatte, daran hängen geblieben sein und erst wieder frei gekommen, nachdem seine Mutter versprochen hatte, siebenmal nach Einsiedeln zu pilgern. Im Laufe der Jahrhunderte war das

"Wunderkreuz" mehrfach anderweitig untergebracht. Heute steht es wieder in der Kapelle Bernrain.

Wer für Schweizer Schokolade schwärmt, kann hier erste Kontakte knüpfen. Im Süden Kreuzlingens ist die Fabrik Chocolat Bernrain zu Hause, wo Sie in einem zugehörigen Factory Store Schweizer Schokoladenerzeugnisse erwerben können.

♦ Chocolat Bernrain, Bündtstr. 12, 8280 Kreuzlingen ☏ 071/6779777, 💻 <www.swisschocolat.ch>.

③ Schwaderloh

Der Weiler Schwaderloh gehört zur Gemeinde Kemmental. Bekannt ist der Ort wegen der 1499 während des so genannten Schwaben- oder Schweizerkrieges ausgetragenen Schlacht bei Schwaderloh, in der ein eidgenössisches Heer Truppen aus Deutschland vernichtend schlug.

④ Schloss Altenklingen

Das schon von weitem sichtbare Schloss besteht aus zwei Giebelhäusern. Sie wurden 1586 anstelle einer mittelalterlichen Burg errichtet, die um 1200 erbaut worden war. Das imposante Schloss befindet sich heute in Privatbesitz und kann nicht besichtigt werden.

⑤ Märstetten

Märstetten lag am Kreuzungspunkt einer alten Römerstraße mit dem Pilgerweg von Konstanz nach Einsiedeln. Um 900 hatte es hier eine Burg der Freiherren von Märstetten gegeben, auf deren Grundmauern die St. Jakobskirche errichtet wurde. Ihr heutiges Aussehen erhielt sie Ende des 15. Jahrhunderts. Bei Renovierungsarbeiten im Jahre 1975 wurden im Inneren wertvolle Fresken aus dem 15. Jahrhundert entdeckt. Die Kirche steht inzwischen unter Bundesschutz. In der Nähe der Kirche steht das 1613 erbaute Hohe Haus, ein sehenswertes Fachwerkgebäude. Eine alte Pilgerherberge ist das Gasthaus Kreuzstraße am Ortsausgang.

⑥ Amlikon

🛏 **Schlafen im Stroh** bei Martha und Robert Neuenschwander, Hauptstr. 49, 8514 Amlikon, ☏ 071/6511476. Der Hof liegt oberhalb von Pfäffikon direkt am Jakobsweg.

Amlikon ist seit dem Mittelalter ein wichtiger Thurübergang. Zunächst gab es hier eine Fähre, die im 14. Jahrhundert erstmals urkundlich erwähnt wurde. Wegen des hohen Verkehrsaufkommens wurde dann 1727 eine Brücke gebaut, die 1821 durch eine neue, gedeckte Holzbrücke ersetzt wurde. Durch ein Hochwasser wurde sie 1910 zerstört. Von dieser Brücke sind noch Reste erhalten. Bereits im nächsten Jahr wurde eine neue Brücke gebaut. Diese Eisenkonstruktion war bis zum Jahre 1995 in Betrieb und musste dann einer modernen Betonbrücke weichen.

⑦ Tobel

Gasthaus Linde, Hauptstr. 16, 9555 Tobel, ☏ 071/9171458. Das Gasthaus Linde war die einzige Herberge in Tobel. Ende 2003 haben die alten Besitzer den Betrieb aufgegeben. Ob die neuen Inhaber wieder Gästezimmer vermieten werden, war Anfang 2004 noch nicht entschieden.

Tobel war im Mittelalter eine Station auf dem Weg nach Einsiedeln. Hier gab es einige Herbergen wie z.B. die 1226 gegründete Johanniterkomturei, deren heutiges Gebäude aus der Mitte des 18. Jahrhunderts stammt.

B2. Von Tobel zum Hörnli

ca. 7 Std.

Tobel	511 m
Münchwilen	532 m
Sirnach	549 m
Fischingen	630 m
Au	691 m
Allenwinden	920 m
Hörnli	1.133 m

Nächste Station hinter Tobel ist der kleine, zur Gemeinde Münchwilen gehörende Weiler ***St. Margarethen*** *①. Hinter* ***Münchwilen*** *② unterqueren Sie die Autobahn A1 und gelangen anschließend nach* ***Sirnach*** *③. Über die Fischinger Ortsgemeinde Oberwangen mit seiner kleinen, auf einer markanten Moränen-*

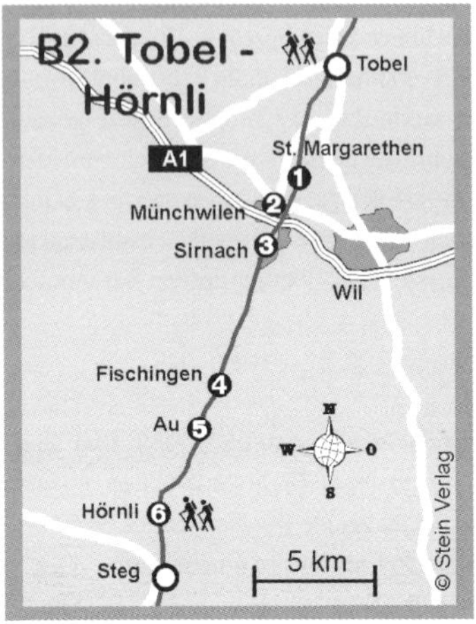

*kuppe thronenden St. Martinskapelle gelangen Sie nach **Fischingen** ④. Vom Kloster aus wandern Sie weiter Richtung Süden ins Aubachtal in den kleinen Weiler **Au** ⑤. Nun beginnt der relativ steile Anstieg zum Hörnli. Als erstes erreichen Sie den Weiler Allenwinden mit dem Gasthof Kreuz, einer ehemaligen Pilgerherberge. Dann geht es weiter über sanft geschwungene Hügel aufwärts. Sie verlassen den Kanton Thurgau und kommen auf Züricher Gebiet. Von hier aus müssen Sie noch etwa 150 Höhenmeter ansteigen, um auf der flachen Gipfelkuppel des **Hörnli** ⑥ das Tagesziel zu erreichen.*

① St. Margarethen

St. Margarethen, zur Gemeinde Münchwilen gehörend, ist wegen der aus dem 17. Jahrhundert stammenden Kapelle in der Dorfmitte von Interesse. Außen führt eine hölzerne Treppe zu einer Empore im Inneren der Kirche hinauf. Hier konnten die Pilger früher übernachten. Und noch etwas ist interessant: Wer glaubt, dass Kritzeleien und Schmierereien an Wänden und Türen ein Ausdruck unserer modernen Zeit ist, der irrt. Denn schon im 17. Jahrhundert haben sich die Reisenden mit Rötelkritzeleien an den Innenwänden der Kirche verewigt. Dies hat die Ortsansässigen so gestört, dass sie sogar eine hölzerne Pilgerschranke bauten, die den Pilgern den Zutritt zur Kirche nur in einen Vorraum gestattete. Dort sind heute noch die gut erhaltenen Kritzeleien zu sehen.

② Münchwilen

🛏 **Hotel Münchwilen**, Schmiedstr. 5, 9542 Münchwilen, ☏ 071/9693131, 💻 <www.hotel-muenchwilen.ch, 112 Betten, ab Sfr 90. Das Hotel liegt im Zentrum des Ortes.

Münchwilen hat sich zu einer florierenden Industrie- und Gewerbestadt entwickelt, die Arbeitsplätze in den Bereichen Maschinen-, Textil- und chemischer

Industrie sowie in der Elektrotechnik bietet. An die einstige Pilgerstation auf dem Weg nach Einsiedeln erinnert heute noch das Gasthaus Engel.

③ Sirnach

- **Gasthaus Engel**, Fischingerstr. 2, 8370 Sirnach, ☏ 071/9663131, 12 Betten, ab SFr. Auch das in Sirnach gelegene Gasthaus Engel war wie das gleichnamige Gasthaus im Nachbarort Münchwilen eine Pilgerherberge.

Der erste urkundliche Nachweis Sirnachs stammt aus dem Jahre 790. Auch Sirnach war eine wichtige Station der Pilger auf ihrem Weg nach Süden. Darauf weist neben dem Gasthaus Engel auch das Sirnacher Wappen hin, das auf goldgelbem Grund einen roten diagonalen Balken hat, den drei Jakobsmuscheln zieren.

④ Fischingen

Kloster Fischingen

- **Gasthaus Sternen**, Hauptstr. 33, 8376 Fischingen, ☏ 071/9771617, 15 Betten, ab SFr. Das in der Mitte des Dorfes gelegene Gasthaus, eine alte Pilgerherberge vom Anfang des 18. Jahrhunderts, ist für seine guten und preiswerten Speisen bekannt.
- ♦ **Bildungshaus des Klosters Fischingen**, 8376 Fischingen, ☏ 071/9787220, 💻 <www.klosterfischingen.ch. Der Osttrakt des Klosters wurde zu einem Bildungshaus für Seminare und Kurse aller Art umgebaut. Die ehemaligen Klosterzellen wurden zu freundlichen Gästezimmern umfunktioniert. Sofern nicht alle Zimmer von Seminarteilnehmern belegt sind, werden diese auch an Pilger vergeben. Übernachtungsgäste haben die Möglichkeit, am Chorgebet der Mönche teilzunehmen.

Das Klosterdorf Fischingen liegt im südlichsten Teil des Thurgaus am Nordfuß des Hörnli, dem landschaftlich reizvollen Hinterthurgau im so genannten

"Tannzapfenland". Das auf dem Weg nach Einsiedeln gelegene Dorf entstand nach der Gründung des Klosters und entwickelte sich im 16. und 17. Jahrhundert zu einem bescheidenen Wallfahrtsort.

Das Kloster Fischingen wurde Anfang des 12. Jahrhunderts vom Konstanzer Bischof Ulrich II. gegründet, zu dessem Herrschaftsbereich das Gebiet am Oberlauf der Murg damals gehörte. Anfänglich als Doppelkloster für Mönche und Nonnen gedacht, wurde das Nonnenkloster schon im 13. Jahrhundert wieder geschlossen. Bis zur Mitte des 16. Jahrhunderts hatte das Kloster keine große Bedeutung und zählte nicht mehr als 10 Mönche, wurde sogar zeitweise wegen des Übertritts der Mönche zur Reformation geschlossen. Ende des 16. Jahrhunderts bekam das Kloster mehr und mehr Bedeutung und wurde ein religiöses, geistiges und kulturelles Zentrum, in dem bis zu 50 Mönche lebten.

Während der französischen Revolutionskriege um 1800 verlor das Kloster zunächst seine weltliche Herrschaft, wurde dann mit dem 1836 erlassenen Klostergesetz unter staatliche Verwaltung gestellt und schließlich 1848 ganz aufgehoben.

Die Gebäude dienten danach zunächst als Weberei und Handelsschule und von 1879 bis 1977 als Kinder- und Schülerheim. 1977 erfolgte die Wiedereinrichtung des Klosters Fischingen als selbständige Benediktinerabtei mit zur Zeit 7 Mönchen.

Im Mittelalter besaß das Kloster auch eine gewisse Bedeutung als Wallfahrtsstätte der Heiligen Idda. Idda lebte um 1200 als Herrin auf einer Burg in der Nähe. Nach einer Sage wurde sie von ihrem Gatten fälschlicherweise des Ehebruchs bezichtigt und aus einem Burgfenster in die Tiefe geworfen. Die Gräfin überlebte den Sturz und lebte fortan in den Wäldern oberhalb Fischingens. Als der Graf seinen Irrtum erkannte und seine Frau auf die Burg zurückholen wollte, lehnte diese ab, lebte von da an aber in einer Klause in der Nähe des Klosters, die der Graf errichtet hatte. Bis zu ihrem Tode führte sie dort ein gottgeweihtes Leben.

Nach ihrem Tod wurde sie in einer Kapelle neben der Klosterkirche begraben und schon bald als Heilige verehrt. Im Laufe der Zeit musste die Kapelle mehrmals erweitert werden. Ende des 15. Jahrhunderts wurde dann über der Grabstätte das heute noch erhaltene spätgotische Grabmal errichtet, das das älteste erhaltene Monument des Klosters ist. Die quadratische Öffnung in dem Grabmal hat für Pilgernde eine ganz besondere Bedeutung. Wer hier seine wunden oder schmerzenden Füße nach einer langen Wanderung hineinsteckt, soll angeblich Linderung erfahren.

⑤ Au

Das Dorf Au, zur politischen Gemeinde Fischingen gehörend, ist eine typische Streusiedlung mit nur wenigen hundert Einwohnern. Der am Hörnli gelegene Ort besteht aus einer Talsiedlung mit der Pfarrkirche St. Anna und zahlreichen verstreut liegenden Weilern und Einzelhöfen. Der Ort ist schon relativ alt. Bereits um die Wende vom 11. zum 12. Jahrhundert gab es hier eine Marienkapelle. Die heutige Pfarrkirche St. Anna wurde auch wegen der Heiligen Idda besucht, von der es ein Bildnis im Seitenaltar gibt.

⑥ Hörnli

Berggasthaus Hörnli, 8496 Steg, ☏ 055/2451202, <www.berggasthaus-hoernli.ch>, 3 Doppelzimmer, 1 Vierbettzimmer sowie 64 Plätze in Matratzenlagern, ab SFr 44 im Doppelzimmer, ab SFr 19,50 im Massenlager, Frühstück ab SFr 12,50! Der Hüttenwirt fährt nach Einbruch der Dunkelheit meist ins Tal, so dass eine rechtzeitige Absprache mit ihm erforderlich ist.

Der flache Gipfel des Hörnli mit seinem Berggasthaus, der nur zu Fuß zu erreichen ist, ist ein beliebtes Ausflugsziel. Er bietet ein wunderbares 360 Grad Panorama mit schöner Fernsicht auf den Gr. und Kl. Mythen, den Rigi und den Pilatus sowie auf das Züricher Unterland.

B3. Vom Hörnli nach Rapperswil

⌛ ca. 4 ½ Std.

Hörnli	1.133 m
Steg	695 m
Fischenthal	734 m
Gibswil	750 m
Blattenbach	881 m
Rüti	482 m
Rapperswil	409 m

Die heutige Route führt zum größten Teil durch das Zürcher Oberland, das als ausgesprochen gute Wanderregion gilt. Zunächst steht Ihnen ein gemütlicher

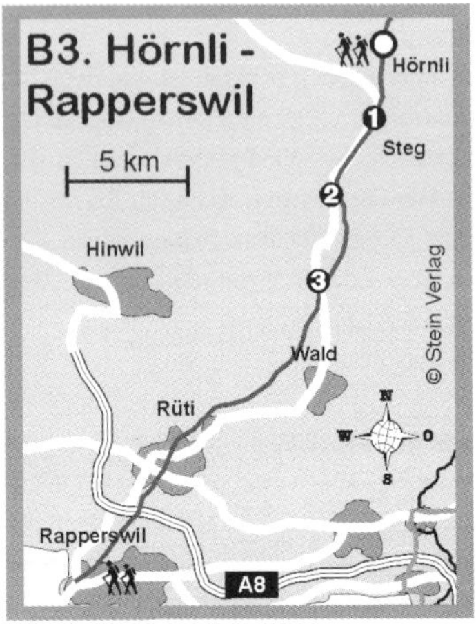

Abstieg in den kleinen, zur Gemeinde Fischenthal gehörenden Weiler ***Steg*** *① mit seinem historischen Gasthaus bevor. Von Steg geht es entlang der glücklicherweise nur wenig befahrenen Hauptstraße weiter bis zum Hauptort der Gemeinde nach* ***Fischenthal*** *②. Über Nebenstraßen führt der Jakobsweg entlang der Töss durch ein Naturschutzgebiet zum dritten größeren Dorf der Gemeinde Fischenthal nach* ***Gibswil*** *③. Die kurze Strecke bis Ried wandern Sie nochmals entlang der Hauptstraße, dann geht es auf einem schönen Höhenweg mit wundervoller Aussicht auf den Zürichsee mit dem Etzel im Hintergrund über mehrere Weiler (u.a. Blattenbach mit der Pilgerherberge "Zum Roten Schwert" vom Anfang des 16. Jahrhunderts) nach Rüti.*

Kurz hinter Rüti passieren Sie die Kantonsgrenze. Sie verlassen Züricher Gebiet und erreichen den Kanton St. Gallen. Von hier ist es nur noch ein Katzensprung über die Gemeinde Jona bis ins Zentrum der mittelalterlichen Stadt ***Rapperswil*** *④ am oberen Zürichsee.*

① Steg

🛏 **Landgasthof Steg**, 8496 Steg, ☏ 055/2451161,
💻 <www.landgasthof-steg.ch, 10 Betten, ab SFr 60.

♦ **Schlafen im Stroh** bei Marcel und Karin Gafner-Rüegg, 8496 Steg, ☏ 055/2451525 und bei Maria Wildhaber, 8496 Steg, ☏ 055/2451720.

Das Gasthaus Steg war wegen des Übergangs über die Töss eine wichtige Durchgangsstation für die Reisenden. Seit 1599 ist das Tavernenrecht nachgewiesen.

Direkt beim Gasthaus steht das Ende des 17. Jahrhunderts gebaute so genannte. Doktorhaus, ein Gebäude, das bis vor gut 100 Jahren als Arztpraxis und Apotheke diente.

② Fischenthal

Gemeindeverwaltung Fischenthal, Oberhof, 8497 Fischenthal, 055/2656000, <www.fischenthal.ch>.

Gasthaus Blume, Oberhof 4, 8497 Fischenthal, 055/2451118, 17 Betten, ab SFr 55.

Die politische Gemeinde Fischenthal, im oberen Tösstal am Übergang ins Jonatal gelegen, umfasst mit den Ortsteilen Steg, Gibswil und Fischenthal sowie über hundert Weilern und Einzelsiedlungen eine Gesamtfläche von etwa 30 km^2 und hat etwas mehr als 2000 Einwohner. Die älteste urkundliche Erwähnung Fischenthals stammt aus dem 9. Jahrhundert. Der Name des Tals soll von einem alemannischen Siedler mit Namen Fiskin, der sich hier niedergelassen hatte, stammen.

Das Dorf Fischenthal selbst besitzt kein eigentliches Zentrum. Es ist eine dem Verlauf des Tösstales folgende langgestreckte Siedlung.

③ Gibswil

Gibswiler Stube, Tösstalstr., 8498 Gibswil, 055/2454222, <www.speiserestaurant.com>, 14 Betten, ab SFr 75. Das Gasthaus liegt direkt am Jakobsweg und bietet neben den komfortablen Gästezimmern auch ein einfaches Matratzenlager.

④ Rapperswil

Tourist-Information Rapperswil, Fischmarktpplatz 1, 8640 Rapperswil, 055/2205757, <www.rapperswil.ch>.

Hotel Jakob, Hauptplatz 11, 8640 Rapperswil, 055/2200050, <www.jakob-hotel.ch>, 38 Betten, ab SFr 80,-. Das seit 1830 bestehende, 1999 total renovierte Hotel liegt in der autofreien Altstadt nur einen Katzensprung von Schloss und See entfernt. Das Hotel ist bei Pilgern u.a. auch wegen der berühmten Pilgersuppe beliebt.

- ♦ Hotel Speer, Untere Bahnhofstr. 5, 8640 Rapperswil, 055/2208900, <www.hotel-speer.ch>, 104 Betten, ab SFr 75,-. Das Hotel liegt am Rand der historischen Altstadt an der über den See führenden Hauptstraße.
- ♦ Hotel Bellevue, Marktgasse 21, 8640 Rapperswil, 055/2206630, 15 Betten, ab SFr 95. Das kleine Hotel liegt direkt am Hafen in einem Altstadthaus.

♦ Familienherberge Lido, Oberseestr. 42, 8640 Rapperswil, ☏ 079/7190048, 77 Betten, ab SFr 17. Die Herberge liegt direkt am See neben der Eishalle gut 1 km südöstlich der Altstadt und des Hafens.

Jugendherberge Jona-Rapperswil, Hessenhofweg 10, 8645 Jona, ☏ 055/2109927, <jona@youthhostel.ch>, 74 Betten, ab SFr 30,50. Die Jugendherberge, ein ehemaliges Altersheim, liegt etwa 20 Minuten von Altstadt und Hafen entfernt.

Die so genannte Rosenstadt Rapperswil ist das regionale Zentrum am oberen Zürichsee. Derzeit leben etwa 7.500 Einwohner auf nur 1,7 km^2 Gemeindefläche. Damit ist Rapperswil die flächenmäßig kleinste Gemeinde des Kantons St. Gallen. Für den Besucher ist die Stadt vor allem wegen der historischen Altstadt mit ihren zahlreichen Sehenswürdigkeiten und dem See mit seiner Seepromenade, die ein mediterranes Flair verbreitet, attraktiv. Zwei Rosen sind die Wappenblumen der Stadt. Und Rosen prägen auch sonst das Stadtbild. Zwischen Juni und Oktober blühen über 15.000 Rosen in ca. 600 verschiedenen Sorten in den öffentlichen Rosengärten.

Rapperswil kann auf eine lange Geschichte zurückblicken. Wie Funde belegen, war der Ort bereits in vorchristlicher Zeit schon vor mindestens 5000 Jahren besiedelt. Kürzlich wurden Reste von Holzpfählen einer Brücke zwischen Rapperswil und Hurden aus keltischer Zeit (um 1500 vor Christus) entdeckt. Die Gründung der Stadt erfolgte um das Jahr 1200 durch die späteren Grafen von Rapperswil.

Hoch über der Altstadt thront weithin sichtbar das Schloss Rapperswil. Von seinen Mauern haben Sie einen wunderbaren Blick auf die Stadt und den See. Der Rebberg am Schloss ist der älteste am Zürichsee. Er wurde erstmals im Jahre 981 urkundlich erwähnt und war ursprünglich im Besitz des Klosters Einsiedeln. Heute gedeihen hier ca. 1.400 Blauburgunder-Reben.

Auf dem Burghügel neben dem Schloss steht die Pfarrkirche St. Johann. Die 1882 im neugotischen Stil errichtete Kirche ersetzte den aus dem 13. Jahrhundert stammenden ursprünglichen Bau, der bei einem Brand zerstört wurde. Die Kirche beherbergt einen wertvollen Kirchenschatz. Sehenswert sind auch die Renaissance-Altäre sowie die neben der Pfarrkirche stehende kleine Liebfrauenkapelle aus dem Jahre 1489.

Unterhalb des Schlosses am Endingerhorn liegt das Kapuzinerkloster, das den Rapperswiler Bürgern gehört und nicht dem Orden. Die Befestigungsanlagen am Kapuzinerzipfel entstanden Anfang des 17. Jahrhunderts.

Rapperswil ist die Heimat des Schweizer National-Circus Knie. Seit 1919 hat der weltberühmte Zirkus in der Stadt sein Winterquartier und feiert jedes Jahr Anfang März auf einem großen Parkplatz im Südquartier die Saisonpremiere. Angefangen hatte alles 1803 mit einer romantischen Liebe zwischen dem 19jährigen österreichischen Medizinstudenten Friedrich Knie, der sich in eine Kunstreiterin einer fahrenden Künstlertruppe verliebte. Die Romanze nahm zwar ein schnelles Ende, doch Friedrich blieb dem Metier treu. Im Jahre 1806 gründete er ein eigenes Unternehmen mit Seiltänzern und anderen Artisten, das bis heute allen wirtschaftlichen und familiären Schwierigkeiten getrotzt hat. Inzwischen steht die achte Generation der Familie Knie in der Manege. Ein kleines Circusmuseum bei der Tourist-Information am Fischmarkt informiert über den Circus Knie und europäische Circusgeschichte.

Eine weitere Attraktion der Stadt ist der am 6. April 2001 eröffnete neue Holzsteg, der die Stadt mit der Halbinsel Hurden am gegenüberliegenden Ufer des Zürichsees verbindet. Der neue Steg ersetzt die 1878 abgebrochene, aus der Mitte des 14. Jahrhunderts stammende hölzerne Fußgängerbrücke, die damals durch den Bau des Seedamms überflüssig wurde. Über viele Jahrhunderte hinweg haben unzählige Pilger den See mit Hilfe dieser Verbindung auf ihrem Weg nach Einsiedeln überquert. Die heutige Holzkonstruktion ist knapp 850 m lang. Sie ruht auf 233 bis zu 16 m langen Eichenpfählen. Ihr Bau hat die stolze Summe von etwas mehr als 3 Millionen SFr verschlungen.

Letzter sichtbarer Rest des ehemaligen Holzstegs ist die aus dem Jahre 1551 stammende Brückenkapelle, das so genannte Heilighüsle. Die unter Denkmalschutz stehende Kapelle wurde geschickt in die neue Verbindung integriert.

B4. Von Rapperswil nach Einsiedeln

⌛ ca. 4 ½ Std.

Rapperswil	409 m	
Pfäffikon	410 m	
Etzelpass*	950 m	☞ Kapitel A4.
Tüfelsbrugg*	838 m	☞ Kapitel A4.
Waldweg*	929 m	☞ Kapitel A4.
Einsiedeln*	882 m	☞ Kapitel A4

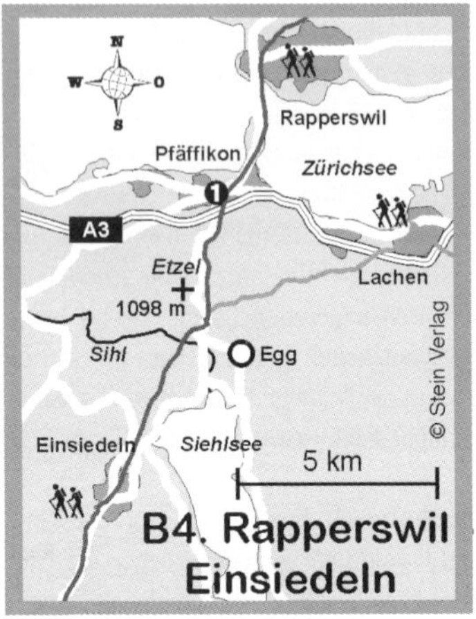

Vom Hafen aus gelangen Sie unter der Straße und den Bahngleisen hindurch zu dem neu erbauten Holzsteg, der parallel zur Straße zur Halbinsel Hurden am gegenüberliegenden Ufer des Sees führt. Voraus sind bereits die Berge mit dem 1098 m hohen Etzel zu sehen und weiter links bieten die Glarner Alpen ein prächtiges Panorama.

Auf der Halbinsel geht es dann teilweise entlang der Straße weiter bis nach ***Pfäffikon*** *① am Südufer des Zürichsees. Am Bahnhof vorbei gelangen Sie auf Nebenstraßen aus dem Ort hinaus. Hinter dem Dorf beginnt der Aufstieg zum Etzelpass. Auf Wald- und Feldwegen mit teilweise historischen Hohlwegabschnitten steigen Sie in etwa 1 ½ Stunden auf die Passhöhe. Kurz vorher treffen Sie auf den von Lachen kommenden Appenzellerweg (weitere Wegbeschreibung und Details siehe im Kapitel A4. Von Lachen nach Einsiedeln).*

① Pfäffikon

(knapp 6.500 Einwohner) gehört mit vier weiteren Dörfern zur Gemeinde Freienbach und gilt wegen der niedrigen Steuerbelastung in der Schweiz als Steueroase.

- Hotel Restaurant Schiff, Bahnhofstr. 15, 8808 Pfäffikon, ☏ 055/4161718, 💻 <www.schiff-pfaeffikon.ch, 26 Betten, ab SFr 95. Das Hotel liegt direkt am Zürichsee.
- ♦ Privatzimmer in einem Bauernhof bei Manuela und Roland Kälin-Friedlos, Pilgerweg 36, 8808 Pfäffikon, ☏ 055/4105620, ab SFr 45. Der Hof liegt am Jakobsweg und hat einen schönen Blick auf Rapperswil und den See.
- ♦ Schlafen im Stroh bei Annelies und Hans Dillier, Etzelstr. 126, 8808 Pfäffikon, ☏ 055/4101978 oder 079/4259770. Der Hof liegt oberhalb von Pfäffikon direkt am Jakobsweg.

Zentralschweiz
5. Von Einsiedeln nach Brunnen

⌛ ca. 7 Std.

Einsiedeln	882 m
Alpthal	996 m
Haggenegg	1.414 m
Schwyz	516 m
Brunnen	435 m

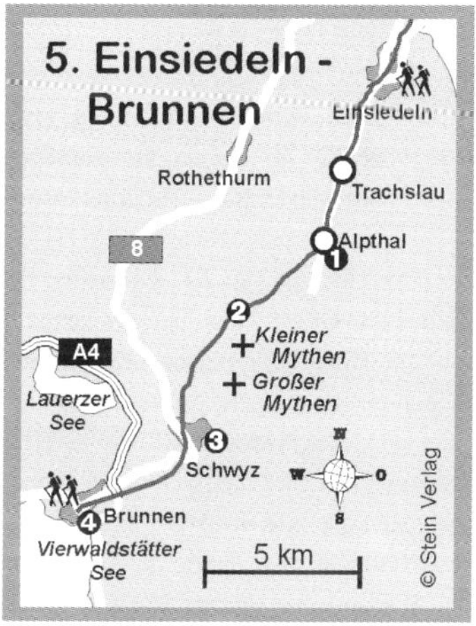

Sie verlassen Einsiedeln nach Süden entlang des Flüsschens Alp und kommen schon bald am Benediktinerinnenkloster Au (siehe Kapitel A 4) vorbei. Es geht nun stetig aufwärts durch das Hochtal der Alp den beiden Bergen mit den geheimnisvollen Namen Kleiner Mythen und Großer Mythen zu. Nächstes Ziel ist der kleine Weiler ***Alpthal*** *①. Hinter dem Ort beginnt ein steiler Anstieg. Etwa 400 Höhenmeter müssen bis zur Passhöhe der Haggenegg in 1414 m Höhe erstiegen werden. Lange bevor Sie die Passhöhe erreicht haben, kommen Sie noch an einer 1795 erbauten Kapelle vorbei, der so genannten Bruustchappeli.*

Für den Anstieg von Alpthal bis zur Passhöhe der ***Haggenegg*** *② müssen Sie mit knapp zwei Stunden rechnen.*

Für den Abstieg nach ***Schwyz*** *③ über den Weiler Ried benötigen Sie etwa 1 ½ Stunden.*

Von Schwyz aus sind es nur noch etwa 30 Minuten bis zum Ziel der Etappe. Über Ibach, wo Sie die Muota überqueren, und Ingenbohl, mit der aus dem 17. Jahrhundert stammenden Pfarrkirche, erreichen Sie in ***Brunnen*** *④ den Vierwaldstättersee.*

① Alpthal

Brunni-Alphtal Tourismus, 8849 Alpthal, ☏ 055/4121305.

Hotel Brunni, Brunnistr. 8, 8849 Alpthal, ☏ 055/4122886, ab SFr 60. Neben den Hotelzimmern verfügt das Haus auch noch über ein Touristenlager mit Platz für 22 Personen in zwei Räumen, pro Person SFr 32.

Die kleine Gemeinde Alpthal hat knapp 500 Einwohner. Sehenswert ist das aus dem 19. Jahrhundert stammende **Schulhaus** und die **Kirche der Heiligen Apollonia**. Apollonia ist im übrigen die Patronin aller an Zahnschmerzen Leidenden. Wenn Sie also gerade über Zahnbeschwerden klagen, versuchen Sie doch einmal, ob Sie hier Linderung finden.

② Haggenegg Passübergang

Berggasthaus Haggenegg, Haggenegg, 6430 Schwyz, ☏ 041/8111774, ab SFr 40. Neben den einfachen Gästezimmern verfügt das Haus auch über ein Matratzenlager für insgesamt 40 Personen, pro Person SFr 30.

Der Übergang in 1414 m Höhe ist der höchste Pass des Jakobsweges auf Schweizer Gebiet. Von hier aus haben Sie einen wunderbaren Blick nach Osten auf den Hoch-Ybrig mit den dahinter liegenden Glarner-Alpen. Direkt vor Ihnen liegen die gewaltigen, pyramidenförmigen Berge Großer Mythen (1899 m) und Kleiner Mythen (1811 m). Etwas unterhalb der Passhöhe liegt das Gasthaus Haggenegg. Von hier aus bietet sich Ihnen ein fantastisches Panorama der beiden nächsten Zielorte Schwyz und Brunnen. Sie sehen den Lauerzer- und den Vierwaldstättersee und die Berge vom Urirotstock bis zur Rigi.

Wie anderswo in den Alpen ist auch die Region um die Mythen zu einem Skigebiet geworden. Schade, denn so manche Liftanlage will einfach nicht in das friedliche Bild passen.

③ Schwyz

infoSchwyz - Tourismusbüro, Bahnhofstr. 4, 6430 Schwyz, ☏ 041/8101991, <www.wbs.ch>.

Hotel Engel, Ob der Kirche, 6430 Schwyz, ☏ 041/8111242, 14 Betten, ab SFr 50. Das kleine gemütliche Hotel liegt zentral.

♦ **Hotel Hirschen**, Hinterdorfstr. 14, 6430 Schwyz, ☏ 041/8111276, <www.hirschen-schwyz.ch>, 19 Betten, ab SFr 44. Neben den Hotelzimmern verfügt das Haus auch über einen **backpackers-Trakt** mit 28 Betten in 4 bis 6-Bettzimmern, SFr 25.

♦ **Schlafen im Stroh** bei Martin & Erika Holdener-Horat, Alp Hochweid/Haggen, 6430 Schwyz, ☏ 041/8116741.

Schwyz ist der Hauptort des gleichnamigen Kantons, der auch dem Land seinen Namen gab. Der Kanton bildet mit Uri und Unterwalden die drei Urkantone, aus der die Schweiz in der heutigen Form als Eidgenossenschaft hervorgegangen ist. 1291 wurde der Zusammenschluss der drei Kantone in einem Bundesbrief besiegelt. Das Original wird heute im **Bundesbriefmuseum** in der Schwyzer Bahnhofstraße aufbewahrt. Darüber hinaus sind dort weitere Originale der Bundesbriefe bis 1513 ausgestellt.

Der 13.000 Einwohner zählende Ort hat sich noch den Charakter eines Fleckens bewahrt. Das Ortszentrum ist reich an historischen Gebäuden und am Rande liegen zahlreiche prächtige Patrizierhäuser aus dem 17. und 18. Jahrhundert.

Sehenswert sind vor allem die **Pfarrkirche St. Martin** von 1774, die als eine der schönsten barocken Kirchen der Schweiz gilt, das aus dem 17. Jahrhundert stammende **Rathaus mit prächtiger Fassadenmalerei** (aus dem 19. Jahrhundert) der Schlacht am Morgarten, das **Franziskanerinnenkloster St. Peter am Bach** sowie der **Archivturm** aus dem 12. Jahrhundert, in dem heute das Heimatmuseum untergebracht ist.

④ Brunnen

Brunnen Tourismus, Bahnhofstr. 32, 6440 Brunnen, ☏ 041/8250040, 💻 <www.brunnentourismus.ch>.

Schifffahrtsgesellschaft des Vierwaldstättersees (SGV), Werftestr. 5, 6002 Luzern, ☏ 041/3676767, 💻 <www.lakeluzern.ch>. Die SGV betreibt die Schiffahrt auf dem Vierwaldstättersee und damit auch die Verbindung zwischen Brunnen und Treib, dem nächsten Ziel der Wanderung auf der gegenüberliegenden Seeseite, das mit dem Schiff angesteuert wird. Die Überfahrt kostet in der zweiten Klasse SFr 4,- und dauert etwa 10 Minuten.

Hotel Ochsen, Bahnhofstr. 18, 6440 Brunnen, ☏ 041/8201159, 💻 <www.hotelochsen.ch>, 8 Betten, ab SFr 70. Das 1740 erbaute Hotel gehört zu den ältesten Gasthäusern in Brunnen und befindet sich seit vier Generationen im Besitz der Familie Janser. Das Hotel liegt zentral nicht weit vom See.

- **Hotel Weisses Rössli**, Bahnhofstr. 8, 6440 Brunnen, ☎ 041/8201022, 48 Betten, ab SFr 45. Das traditionelle Hotel ist zentral nicht weit vom See gelegen.
- **Schlafen im Stroh** bei Bruno & Cornelia Bucheli, Schulstr. 26a, 6440 Brunnen, ☎ 041/8200670, ✉ <family.bucheli@tiscalinet.ch>.

Brunnen gehört zu der Gemeinde Ingenbohl, die in einer großen Bucht im Delta der Muota am Vierwaldstättersee liegt. Besonders der am See gelegene Teil der Ortschaft ist ganz auf Fremdenverkehr eingestellt.

In der Nähe der Schiffsanlegestelle liegt die aus dem Jahre 1632 stammende **Dorf- oder Bundeskapelle**, die an den Rütlischwur erinnern soll.

6. Von Brunnen nach Stans

⌛ ca. 5 Std.

Brunnen	435 m
Treib	435 m
Emmetten	762 m
Beckenried	440 m
Buochs	435 m
Stans	451 m

☺ *Eine Variante, der so genannte untere Weg, verläuft von Brunnen mit dem Schiff nach Luzern und weiter über Werthenstein (ca. 4 Std.), Willisau (ca. 3 ½ Std.), Huttwil (ca. 4 Std.), Burgdorf (ca. 6 Std.)und Gümlingen (ca. 6 Std.) nach Rüeggisberg (ca 5 Std.), wo er mit dem im Folgenden beschriebenen oberen Jakobsweg wieder zusammentrifft.*

*Die kürzeste und meistgewählte Verbindung auf dem Jakobsweg über den Vierwaldstättersee ist die von Brunnen nach **Treib** ① im Kanton Uri. (Details zur Überfahrt siehe voriges Kapitel). Von Treib aus geht es Richtung Westen. Sie überqueren den Spreitenbach, der die Kantone Uri und Nidwalden voneinander trennt. Bis zur nächsten Zwischenstation, dem Bergbauerndorf **Emmetten** ②,*

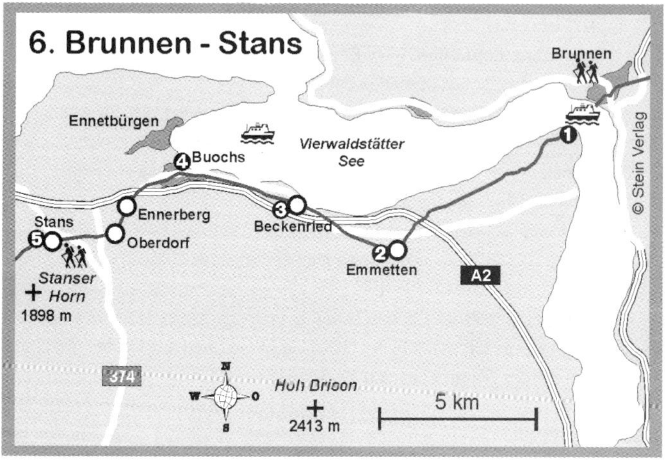

*müssen Sie dann noch einen relativ steilen, längeren Anstieg bewältigen. Über die Schöneck mit herrlicher Aussicht auf den See und die St. Anna Kapelle steigen Sie wieder hinab zum See bis **Beckenried** ③. Letzte Station am Vierwaldstättersee ist die Gemeinde **Buochs** ④. Von dort geht es über Ennerberg mit der Santa Casa di Loreto aus dem Jahre 1712, einer Nachbildung der berühmten italienischen Kapelle, nach Oberdorf mit der St. Heinrichs Kapelle. Hinter Oberdorf kreuzen Sie die Engelberger Aa und erreichen kurze Zeit später mit ⑤ **Stans** den Hauptort des Kantons Nidwalden.*

① Treib

Jugendherberge Seelisberg, Gadenhaus beim Rütli, 6377 Seelisberg, ☏ 041/8205232, <seelisberg.see@youthhostel.ch>, 25 Betten, ab SFr 20,50. Die Jugendherberge liegt etwas abseits des Weges auf dem Seelisberg. Sie ist mit der Zahnradbahn zu erreichen. Von der Bergstation Seelisberg sind es noch etwa 15 Gehminuten.

Schon vom See aus können Sie man das reich verzierte **Haus an der Treib** erkennen, das 1659 erbaut wurde. Im Mittelalter war es eine Zufluchtstätte für Verfolgte, die sich hier bis zu drei Tage vor ihren Verfolgern verbergen durften, ohne in Arrest genommen zu werden.

② Emmetten

- **Tourismus Emmetten**, 6376 Emmetten, ☏ 041/6201564, 🖳 <www.tourismus-emmetten.ch>.
- **Hotel Engel**, Dorfstr., 6376 Emmetten, ☏ 041/6201354, 50 Betten, ab SFr 53. Neben den Hotelzimmern bietet das Hotel die Möglichkeit in einem Touristenlager zu übernachten, pro Person SFr 17 ohne Frühstück. Das Hotel liegt im Dorfzentrum.
- ♦ **Gasthaus Schüssel**, Dorfstr. 49, 6376 Emmetten, ☏ 041/6201356, 8 Betten, ab SFr 38. Das Gasthaus liegt im Zentrum des Ortes.

Emmetten liegt in einer flachen Talmulde etwa auf halber Höhe des Niederbauens. Der kleine Ort hat etwa 1.200 Einwohner und war früher wichtiger Durchgangsort des Saumweges von Beckenried nach Bauen. Interessant ist das **Ortswappen**, das auf rotem Grund drei silberne Jakobsmuscheln zeigt. Die Muscheln sollen an Jakob den Älteren, den Hauptpatron der alten Pfarrkirche, erinnern.

Sehenswert ist die von 1795 stammende **Heiligkreuzkapelle**, die Sie bereits vor der Ortschaft erreichen, wenn Sie den Wald verlassen. Wie so viele andere Kapellen entlang des Jakobsweges war auch sie wahrscheinlich direkt in den Wegverlauf integriert. Im Dorf selbst lohnt eine Besichtigung der aus dem Jahre 1932 stammenden **Pfarrkirche St. Jakob und St. Theresia**.

③ Beckenried

- **Tourismusbüro Beckenried Klewenalp**, Seestr. 1, 6375 Beckenried, ☏ 041/6203170, 🖳 <www.beckenried.ch>.
- **Hotel Mond**, Dorfstr. 1, 6375 Beckenried, ☏ 041/6201204, 🖳 <www.hotel-mond.ch, 60 Betten, ab SFr 60. Das Mittelklassehotel liegt direkt am See und hat einen privaten Badeplatz mit Sonnenwiese.
- ♦ **Hotel Rössli**, Dorfplatz 1, 6375 Beckenried, ☏ 041/6244511, 🖳 <www.roessli-beckenried.ch>, ab SFr 50. Das Hotel liegt im Zentrum des Ortes nur wenige Schritte von der Schiffstation entfernt..

Beckenried liegt an der Autobahn Deutschland - Beckenried - Italien, wie es in einem Prospekt so schön heißt. Faszinierender ist allerdings die herrliche Lage des langgestreckten Ortes am Südufer des Vierwaldstättersees, der sich etwa 5 km am Seeufer hinzieht. Beckenried ist ein beliebter Ferienort, der durch die

Erschließung der umliegenden Berge mit Seilbahnen auch für Wintersportler attraktiv ist.

Der Ort wird 1150 erstmals erwähnt und war um die Zeit der Bundesgründung gelegentlich Tagungsort der drei Urkantone. Manches spricht dafür, dass der erste Bund der Eidgenossen in Beckenried geschlossen wurde.

Neben der schönen Lage am See hat der Ort auch die sehenswerte **Pfarrkirche St. Heinrich** zu bieten. Der heutige Bau stammt vom Ende des 18. Jahrhunderts. In der Vorhalle liegt eine alte Grabplatte eines Jakobpilgers. Merkwürdig ist, dass diese mitten in der Urschweiz gelegene Kirche ausgerechnet dem deutschen Kaiser Heinrich geweiht war.

④ Buochs

Tourismus Buochs, Beckenriederstr. 7, 6374 Buochs, 041/6220055, <www.tourismus-buochs.ch>.

Hotel Sternen, Ennetbürgerstr. 5, 6374 Buochs, 041/6201141, <www.sternen-buochs.ch>, ab SFr 55. Das Hotel liegt im Zentrum des Ortes etwa 5 Gehminuten vom Vierwaldstättersee entfernt.

♦ **Schlafen im Stroh** bei Anton & Helen Rölli-Lussi, Groß Bächli, 6374 Buochs, 041/6203136, <info@roelli-stroh.ch>. Der Hof liegt oberhalb des Ortes.

Anders als viele Dörfer und Gemeinden entlang des Jakobsweges ist Buochs baugeschichtlich ein junger Ort. Es gibt nur wenig Gebäude, die älter als 200 Jahre sind. Auch die **Pfarrkirche St. Martin** ist gerade einmal 200 Jahre alt. Sie steht allerdings auf dem Platz einer wesentlich älteren Vorgängerkirche. Das spätbarock-klassizistische Gebäude beherbergt in seinem Inneren eine der wenigen noch erhaltenen Bossard-Orgeln. Sehenswert ist auch das Häuserensemble an der Südseite des Seeplatzes.

⑤ Stans

Tourismus Stans, Bahnhofplatz 4, 6370 Stans, 041/6108833, <www.stans.ch>.

Hotel Linde, Dorfplatz 7, 6370 Stans, 041/6190930, <www.hotel-linde.ch>, 17 Betten, ab SFr 75, Biedermeier-Zimmer ab SFr 85. Das unter

Heimatschutz stehende Hotel aus dem Jahre 1714 ist direkt am Dorfplatz gegenüber der imposanten Pfarrkirche.

♦ **Schlafen im Stroh** bei Paul & Maria Wasser-Lussi, Buochserstr. 50, 6370 Stans, ☏ 041/6106558.

Hotel zur Linde am Marktplatz in Stans

Stans, Hauptort des Kantons Nidwalden, hat heute etwas mehr als 7.000 Einwohner. Schon im 2. Jahrhundert vor Christus war die Gegend besiedelt. Bereits um 750 wurde hier eine Kirche gebaut, die im Laufe der Zeit mehrmals vergrößert wurde, bis 1674 die heutige Kirche St. Peter und Paul errichtet wurde. Anfang des 18. Jahrhunderts zerstörte ein verheerender Brand große Teile des Dorfes. Dennoch sind zahlreiche historische Gebäude erhalten geblieben.

Sehenswert ist der **Dorfplatz** mit den beiden Brunnen "Winkelried", der an einen nationalen Volkshelden erinnern soll, und der "Tod und das Mädchen". Hierzu gehört auch die **Pfarrkirche St. Peter und Paul**, die in den Jahren 1641 bis 1647 erbaut wurde. Die Kirche ist ein schönes Beispiel für die Architektur des beginnenden Frühbarockes. Der romanische Kirchturm stammt aus dem 13. Jahrhundert. Vom Dorfplatz fort führt die schöne **Schmiedgasse**, eine alte Handwerksstraße. Sehenswert ist weiterhin das 1714 erbaute **Rathaus** sowie die **Bürgerhäuser** am Rathausplatz.

Oberhalb des Rathausplatzes steht das **Frauenkloster St. Klara**, das zeitweilig als Waisenhaus diente. Im Inneren der Kirche findet sich ein prächtiger Hochaltar. Nur wenig entfernt steht das 1553 gestiftete **Kapuzinerkloster** mit frühbarocken Altären und schönen Bildern.

Einen Besuch lohnt auch das aus dem 15. Jahrhundert stammende, mehrfach umgebaute **Winkelriedhaus**, in dem heute das **Museum für Kultur und Brauchtum** untergebracht ist.

7. Von Stans nach Flüeli-Ranft

⌛ ca. 4 ½ Std.

Stans	451 m	
Flüeli-Ranft	728 m	

Die Strecke von Stans bis Flüeli-Ranft ist zusätzlich als Bruder-Klausen-Weg markiert. Von Stans aus geht es zunächst am Nord- und dann am Westhang des Stanserhorns (1898 m) aufwärts. Als erstes, noch kurz hinter Stans, erreichen Sie die Kapelle Maria zum Schnee, die um das Jahr 1700 erbaut wurde. Am Aussichtspunkt Murmatt finden Sie einen ausgeschilderten Abstecher zur St. Magnus Kapelle bei Allweg, die Sie von hier in 15 Minuten erreichen. Dann geht es weiter Richtung Südwesten am Weiler Ennetmoos vorbei, hinter dem Sie dann die ***Pfarrkirche St. Jakob*** *① erreichen.*

Nur wenig weiter überqueren Sie den Mehlbach, der hier die Grenze zwischen den Kantonen Nidwalden und Obwalden markiert. Parallel zur Verbindungsstraße Stans – Sarnen gelangen Sie zunächst zum Weiler Im Gmei, an die aus der Mitte des 17. Jahrhunderts stammende Kapelle Maichäppeli und etwas später im Weiler Halten an die Kapelle St. Anton aus dem 16. Jahrhundert.

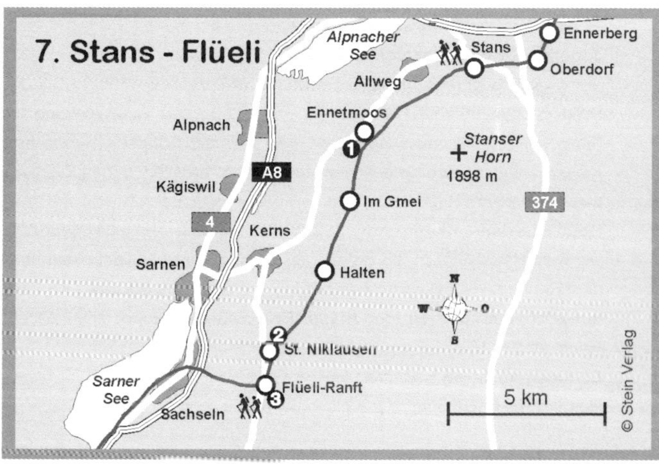

Letzte Station vor dem Ende der Etappe ist der Weiler ***St. Niklausen*** *② mit der gleichnamigen Kapelle. Von dort geht es hinab in den Ranft, der tiefen Schlucht des Flusses Melchaa, vorbei an der Möslikapelle. Das Etappenziel* ***Flüeli-Ranft*** *③ erreichen Sie bergan auf der anderen Seite des Flusses. Dabei passieren Sie die Untere Ranftkapelle und die Klause mit der Oberen Ranftkapelle.*

① Pfarrkirche St. Jakob

Die Jakobskirche südlich von Ennetmoos war schon sehr früh Wegbegleiter der Jakobspilger. Erste schriftliche Nachweise liegen vom Anfang des 14. Jahrhunderts vor. Ihr Ursprung geht aber noch sehr viel weiter zurück. Der heutige Bau stammt vom Anfang des 19. Jahrhunderts. Der Neubau war notwendig geworden, weil die Franzosen bei einem Überfall einige Jahre zuvor die Kapelle zerstört hatten.

② St. Niklausen

Die Kapelle in St. Niklausen gehört zu den ältesten Bauten der Zentralschweiz. Sehenswert ist vor allem der Freskenzyklus im Chor aus dem 14. Jahrhundert sowie die barocken Deckenmalereien.

③ Flüeli-Ranft

- **Tourismusbüro Sachseln/Flüeli-Ranft**, Hofstr. 2, 6060 Sarnen, ☎ 041/6665040, <www.flueliranft.ch>.
- **Jugendstil-Hotel Paxmontana**, 6073 Flüeli-Ranft, ☎ 041/6602233, <www.paxmontana.ch>, 200 Betten, ab SFr 95. Das 1896 im Stil der Belle Epoque erbaute Hotel hat im Jahre 2002 eine Auszeichnung für "überdurchschnittlichen Erlebniswert in diesem nach denkmalpflegerischen Kriterien restaurierten historischen Hotelbetrieb" erhalten. In den Zimmern wird bewusst auf Radiogeräte und Fernseher verzichtet.
- **Hotel-Pension Klausenhof**, 6073 Flüeli-Ranft, ☎ 041/6663777, <www.klausenhof.ch, 65 Betten, ab SFr 50. Das Hotel liegt direkt über dem Ranft und ist bekannt für seine gute und preiswerte Küche.
- **Jungendunterkunft Bruder Klaus**, Beat und Lisa Hüppi, 6073 Flüeli-Ranft, ab SFr 18.
- **Schlafen im Stroh** bei Albert Röhrer-Gasser, Unterbächen, 6073 Flüeli-Ranft, ☎ 041/6605305, <jugi@bruderklaus.com>.

Wohnhaus von Bruder Klaus

Der Wallfahrtsort Flüeli-Ranft gehört zur Gemeinde Sachseln. Ursprünglich nur Flüeli genannt, kam der zweite Teil des Ortsnamens erst 1966 offiziell dazu. Ranft ist ein alter Begriff für Rand. Gemeint ist damit die tiefe Schlucht des Flusses Melchaa, in der sich die Menschen früher am "Rand der Welt" glaubten. Berühmt ist der Ort vor allem wegen des Eremiten Bruder Klaus, der von 1417 bis 1487 lebte.

Bereits seit dem Spätmittelalter sind die **Bruder Klausen Heiligtümer** eine vielbesuchte Wallfahrtsstätte.

Karl-Borromäus-Kapelle

Heute lebt Flüeli-Ranft vom Pilgertourismus.

Der Schweizer Nationalheilige **Bruder Klaus** wurde 1417 als Niklaus von Flüe in Flüeli geboren. Bis zu seinem 50. Lebensjahr führte er ein bürgerliches Leben. Er war in der Gemeinde ein angesehener Mann und bekleidete wichtige öffentliche Ämter wie Richter oder Ratsherr. Mit seiner Frau Dorothee hatte er 10 Kinder, 5 Söhne und 5 Töchter. Mit 50 verließ er Haus und Hof und zog als Pilger in die Fremde, brach die Reise aber schon bald wieder ab und ließ sich als Einsiedler im Ranft nieder. Bruder Klaus, wie er von nun an hieß, wurde von vielen Menschen aus allen gesellschaftlichen Schichten aufgesucht und um Rat gefragt. Er leistete einen wichtigen Beitrag zur Festigung des Bundes der Eidgenossen, der in einem Bürgerkrieg auseinanderzubrechen drohte. Auf seinen Rat hin wurden die Kantone Solothurn und Fribourg in den Bund aufgenommen. Am 21. März 1487 starb Bruder Klaus. Er wurde 1947 von Papst Pius XII heiliggesprochen.

Sehenswert sind die **obere Ranftkapelle** aus dem Jahre 1469, die 1693 völlig neu gestaltet wurde sowie die 1501 erbaute **untere Ranftkapelle**. In der unteren Kapelle befindet sich ein wertvoller Bruder-Klausen-Zyklus aus der Mitte des 16. Jahrhunderts. Ein besonderer Wallfahrtsort ist auch die **Zelle** des Eremiten, in der er lebte. Viel besucht wird auch das Geburtshaus des Eremiten in Flüeli und die nur wenig entfernte, von Anfang des 17. Jahrhunderts stammende **Karl-Borromäus-Kapelle** sowie das **Wohnhaus der Familie**, das Niklaus um die Mitte des 15. Jahrhunderts baute.

Wer sich nicht so sehr für Heilige und deren Wohnstätten interessiert, wird durch eine grandiose Landschaft entschädigt.

Berner Oberland
8. Von Flüeli-Ranft nach Brienz

⌛ ca. 8 Std.

Flüeli-Ranft	728 m
Sachseln	483 m
Giswil	485 m
Kaiserstuhl-Bürglen	750 m
Obsee (Lungern)	750 m

Brünigpass	1.007 m
Brienzwiler	700 m
Hofstetten	649 m
Brienz	566 m

Das erste Teilstück der Etappe von Flüeli nach ***Sachseln*** *①, für das Sie etwa 45 Minuten benötigen, wird als "Visionenweg" bezeichnet. Hier hat der Künstler André Bucher entlang des Weges sechs Plastiken geschaffen, die an die sechs Visionen von Bruder Klaus erinnern sollen. Über die zu Sachseln gehörenden Weiler Edisried und Ewil geht es an das Ufer des Sarnersees, wo Sie den historischen Landgasthof "Zollhaus" passieren. Nächstes Ziel ist die Gemeinde* ***Giswil*** *②. Entlang des Aa-Rieds, eines trockengelegten Sees, gelangen Sie nach* ***Kaiserstuhl-Bürglen*** *③ am Nordende des idyllischen Lungerner Sees.*

Der Jakobsweg führt im Westen um den See herum. Dieser Teil der Etappe entlang des Ufers durch eine eindrucksvolle, ruhige Landschaft gehört mit zu den schönsten Abschnitten des Weges. Nächstes Ziel ist der ebenfalls zur Gemeinde Lungern gehörende Weiler ***Obsee*** *④. Von Obsee aus geht es nun langsam aufwärts Richtung Passhöhe. Für die Strecke bis zum Pass müssen Sie mit etwa 1 ½ Stunden rechnen. Der Weg war früher stark frequentiert. Noch heute sind Spurrillen von Wagenrädern sowie ausgehauene Stufen zu erkennen.*

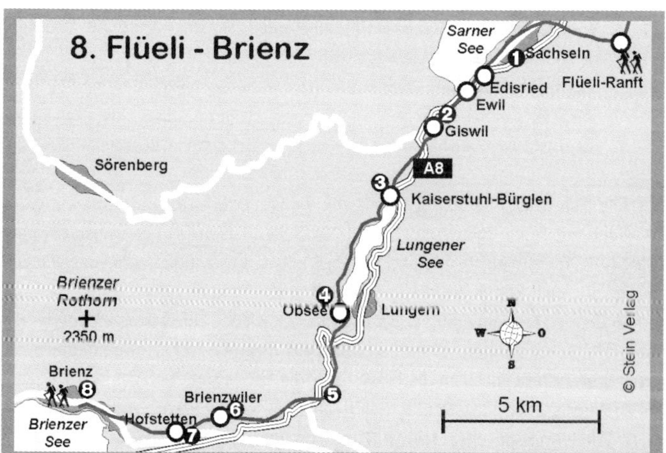

Sie überqueren die zum Pass führende Nationalstraße und passieren die Felsenge Letzi, die früher strategische Bedeutung als Sperre gegen die Berner Bevölkerung hatte. Über Weiden und durch zahlreiche Hohlwege erreichen Sie kurz hinter der Kantonsgrenze den ***Brünigpass*** *⑤. Von hier oben haben Sie einen wunderbaren Ausblick auf die gewaltigen Berge des Berner Oberlandes mit ihrem ewigen Schnee. Erste Station auf dem Abstieg vom Pass ist die Gemeinde* ***Brienzwiler*** *⑥, die Sie nach etwa einer Stunde erreichen. Über die Gemeinden* ***Hofstetten*** *⑦ und Schwanden erreichen Sie* ***Brienz*** *⑧ am gleichnamigen See.*

Ab Brienz haben Sie die Möglichkeit entweder nördlich des Brienzer Sees (rechte Seeroute) oder nach einer kurzen Fahrt mit dem Schiff auf der Südseite (linke Seeroute) weiter nach Interlaken zu wandern. Beide Routen sind landschaftlich sehr schön. Eine Empfehlung für die eine oder andere zu geben fällt daher schwer. Organisatorisch ist allerdings die erste Variante einfacher, da Sie in Ihrer Planung nicht die Abfahrtszeit des Schiffes berücksichtigen müssen. Beide Möglichkeiten werden im nächsten Kapitel beschrieben. Wer will, kann auch die gesamte Strecke bis Interlaken mit dem Schiff zurücklegen. Die Fahrt lohnt sich allemal, auch wenn einem hinterher vielleicht das schlechte Gewissen quält, weil man ein Teilstück des Jakobsweges nicht selbst gewandert ist.

① Sachseln

Tourismusbüro Sachseln/Flüeli-Ranft, Hofstr. 2, 6060 Sarnen, ☎ 041/6665040, <www.flueliranft.ch>.

Gasthaus Bahnhof, Bahnhofstr. 15, 6072 Sachseln, ☎ 041/6601408, <www.gasthausbahnhof.ch>, 8 Betten, ab SFr 42. Das kleine Landgasthaus wird von Familie Rohrer inzwischen in der dritten Generation betrieben.

Die Gemeinde Sachseln, zu der auch die Weiler Edisried und Ewil sowie der Wallfahrtsort Flüeli-Ranft gehören, hat etwas mehr als 4000 Einwohner. Erwähnt wird der Ort erstmals im 11. Jh. Die Gegend war aber schon in der Jungsteinzeit besiedelt. Auch Römer und Kelten haben hier ihre Spuren hinterlassen.

In den letzten Jahrzehnten waren es immer wieder Überschwemmungen, die für Schlagzeilen sorgten. 1975 und 1984 gab es große Überschwemmungen, als nach schweren Regenfällen die Flüsse über die Ufer traten. Im August 1997 kam es zu einer großen Katastrophe. Innerhalb einer halben Stunde rissen unvorstellbare Wassermassen etwa 100.000 m³ Fels und Geröll ins Tal und zerstörten einen großen Teil des Gemeindegebietes. Wie durch ein Wunder kam bei dieser bislang größten Überschwemmung niemand ums Leben.

Sehenswert ist die 1672 bis 1684 im Stil des schweizerischen Frühbarocks erbaute **Kirche St. Theodul**. Seit 1679 ruhen hier in einem Altar die sterblichen Überreste von Bruder Klaus. Die Grabkapelle mit der ursprünglichen Ruhestätte befindet sich am alten Kirchturm.

In Sachseln befinden Sie sich im Übrigen ganz nah am geographischen Mittelpunkt der Schweiz. Dieser liegt etwas oberhalb des Ortes auf der Älggialp.

Im Innern der Wallfahrtskirche St. Theodul

Lungerner See mit Lungern und Obsee (☞ nächste Seite)

② Giswil

Tourismusbüro Giswil, Brünigstr. 80, 6074 Giswil, ☎ 041/6751760, <www.giswil-tourismus.ch>.

Hotel Bahnhof, 6074 Giswil, ☎ 041/6751161, <www.bahnhofgiswil.ch> 30 Betten, ab SFr 45. Der 1888 erbaute Landgasthof liegt gegenüber der Bahnstation in Giswil.

Giswil ist eine typische Streusiedlung, der ein historischer Dorfkern fehlt. Erstmals erwähnt wird der Ort in einer Urkunde aus dem Jahre 840. Wegen seiner strategisch günstigen Lage zum Brünigpass besaß er einst drei befestigte Burgen. Auf dem Burghügel der ehemaligen Burg Hunwil steht die vom Anfang des 17. Jahrhunderts stammende **Pfarrkirche St. Laurentius**. Bei ihrem Bau wurden die Steine der Burg verwendet. Neben der Kirche befindet sich die aus der Mitte des 17. Jahrhunderts stammende **Beinhauskapelle St. Michael**. Nicht weit entfernt zwischen der Brünigstraße und der Brünigbahn steht die **Burgruine Rudens**, die lange Zeit Sitz der Verwalter war. Im Ortsteil Kleinteil kann man zwischen Kapelle und Hotel Alpenrösli die Ruinen der **Burg Rosenberg** sehen.

für Eisenbahnfreunde: Zwischen Interlaken und Giswil werden an einigen Wochenenden im Sommer **Sonderzüge mit alten Dampflokomotiven** auf der Brünig Bahn eingesetzt. Information unter ☎ 033/9725050 oder 033/9528080.

③ Kaiserstuhl-Bürglen

Lungern Tourismus, Postfach 44, 6078 Lungern, ☎ 041/6781455, <www.lungern.ch>.

Landgasthof Kaiserstuhl, 6078 Kaiserstuhl-Bürglen, ☎ 041/6781189, <www.hotelkaiserstuhl.ch>, 30 Betten, ab SFr 65. Das Hotel liegt am Lungernsee mit eigenem Bade- und Bootssteg.

♦ **Schlafen im Stroh** bei Marlen und Peter Halter-Furrer, Hinterseestr., 6078 Kaiserstuhl-Bürglen, ☎ 041/6781302, <halter-furrer@bluewin.ch>.

Kaiserstuhl-Bürglen gehört zur Gemeinde Lungern, deren Gemeindegebiet sich um den gleichnamigen Bergsee erstreckt.

Der **Lungernsee** liegt am Fuße des Brünigpasses in einem Talkessel, der von bewaldeten Hängen eingeschlossen ist. Er spielt seit langer Zeit eine wichtige Rolle in der Geschichte der Gemeinde.

Vor etwa 150 Jahren hatten die Bewohner des Tales damit begonnen, in mühevoller, langwieriger Arbeit den Wasserspiegel des Sees abzusenken, wodurch Siedlungsraum von ca. 130 ha gewonnen wurde.

Knapp 100 Jahre später wurde der See dann aufgestaut, um ein Kraftwerk zu betreiben. Das von den Einwohnern mühsam gewonnene Land versank erneut in den Fluten.

④ Obsee

- **Lungern Tourismus**, Brünigstraße 105, 6078 Lungern, ☎ 041/6781455, <www.lungern.ch>.
- **Hotel Rössli**, Brünigstraße 85, 6078 Lungern, ☎ 041/6781171, <www.roessli-lungern.ch>, 20 Betten, ab SFr 47,50. Das Hotel liegt etwa 5 Minuten Fußweg vom Bahnhof.
- ♦ **Schlafen im Stroh** bei Susanne und Alois Ming, Brüningstr. 49, 6078 Lungern, ☎041/6781286, <fam.ming@bluewin.ch>.

Im Weiler Obsee, der ebenfalls zur Gemeinde Lungern gehört, finden Sie noch eine Reihe historischer Bauernhäuser, die sich harmonisch in die Landschaft einfügen. Der Weiler gilt als schützenswertes Ortsbild von nationaler Bedeutung. Sehenswert ist die **Kapelle St. Beatus**. Ihre Entstehung geht auf die Reformation Mitte des 16. Jahrhunderts zurück. Die reformierte Berner Bevölkerung verhinderte damals die Wallfahrt katholischer Gläubiger zur Pilgerhöhle des Beatus am Thunersee. Die Kapelle wurde deswegen als Ersatz gebaut.

⑤ Brünigpass

- **Restaurant Waldegg**, Postfach 224, 6082 Brünig, ☎ 033/9711133, <www.bruenigpass.ch>, 30 Betten, ab SFr 35. Das Restaurant bietet einfache Zimmer und ein Touristenlager mit Duschmöglichkeiten.
- ♦ **Hotel Brünig-Kulm**, 6082 Brünig, ☎ 033/9711708, <www.bruenig-kulm.ch>, 20 Betten, ab SFr 32. Neben dem Hotel wird auch ein Budget-Hotel betrieben.

Der Brünigpass als Transitweg durch die Alpen war wohl schon zu Römerzeiten bekannt. Im Mittelalter war er eine wichtige Verkehrsader. Nach der Reformation verlief auf der Passhöhe die Grenze zwischen den verfeindeten reformierten

Bahnstation am Brünigpass

Bernern und den katholischen Innerschweizer Orten, wodurch der Warenstrom über den Pass zeitweise mehr oder weniger versiegte.

Im Zuge des aufkommenden Tourismus wurde dann 1861 die Passstraße eröffnet und gut 20 Jahre später die Brünigbahn.

⑥ Brienzwiler

- Hotel Bären, 3856 Brienzwiler, ☏ 033/9511323, 12 Betten, ab SFr 40. Das Hotel wurde von mehreren Lesern empfohlen. Es bietet eine preiswerte Unterkunft.
- ♦ **Schlafen im Stroh** bei Christian Eichhof, Abplanalp, 3856 Brienzwiler, ☏ 033/9511451.

Brienzwiler liegt auf einer Terrasse am Südhang des Brünigpasses. Interessant ist das 600 Einwohner zählende Dorf vor allem wegen seiner gut erhaltenen, reich verzierten Bauernhäuser. Höchster Punkt der Gemeinde ist die Wildgärstspitze mit 2.890 m.

⑦ Hofstetten

Idyll-Landgasthof Alpenrose, 3858 Hofstetten, 033/9511410, 26 Betten, ab SFr 35. Der Landgasthof liegt mitten im Dorf Hofstetten.

Nur unweit von Hofstetten liegt **Ballenberg**. Hier wurde auf einem hügeligen, 80 ha großen Gelände ein wirklich sehenswertes Freilichtmuseum errichtet. In mehr als 80 originalen historischen Gebäuden, die aus allen Landesteilen stammen, wird gezeigt, wie die Menschen früher in der Schweiz gelebt haben. Besonderer Wert wird dabei auf die verschiedenen Aspekte des bäuerlichen Lebens gelegt, auf traditionelle Handwerke und Gewerbe.

Darüber hinaus werden alte, vom Aussterben bedrohte Nutztierrassen gehalten.

Schweizerisches Freilichtmuseum Ballenberg, 033/9511123, <www.ballenberg.ch>, vom 15.4. bis zum 31.10. täglich von 9:00 bis 18:00.

⑧ Brienz

Tourist Info Brienz, Hauptstr. 143, 3855 Brienz, 033/9528080, <www.alpenregion.ch.

Hotel Restaurant Weisses Kreuz, 3855 Brienz, 033/9522020, <www.weisseskreuz-brienz.ch>, 22 Betten, ab SFr 60. Das Hotel liegt zentral nur wenige Minuten vom Bahnhof und der Schiffsstation. In diesem historischen Gasthaus haben u.a. schon Goethe, Uhland und Richard Nixon übernachtet.

Jugendherberge Brienz, Strandweg 10, 3855 Brienz, 033/9511152, <brienz@youthhostel.ch>, 86 Betten, ab SFr 27,50. Die Jugendherberge liegt ruhig direkt am See.

Brienz liegt am oberen Ende des Brienzer Sees. Der etwas mehr als 3.000 Einwohner zählende Ort ist von einer grandiosen Berglandschaft und dem See umgeben. Auf Grund der Lage ist es nicht verwunderlich, dass der Ort schon vor vielen Jahren zu einem touristischen Zentrum geworden ist. Dennoch hat sich bis heute ein schöner Ortskern erhalten.

Brienz war in der Vergangenheit häufig Schauplatz katastrophaler Überflutungen. So wurde 1870 bei der so genannten Trachtbach-Katastrophe bis auf das Gasthaus Weisses Kreuz das ganze Dorf zerstört.

Bekannt ist Brienz u.a. wegen der zahlreichen Holzschnitzer, die rund um den Brienzer See eine weit zurückreichende Tradition haben.

Wer sich für das Handwerk der Holzschnitzer interessiert, sollte einen Blick in das **Schnitzlermuseum** werfen, das in die 1884 gegründete Kantonale Holzschnitzschule integriert ist.

Mo bis Fr von 8:00 bis 17:00 (Mittagspause von 11:30 bis 13:30).

Ein Erlebnis besonderer Art ist die Fahrt mit der **Brienz Rothorn Bahn** auf das **Brienzer Rothorn** (2.350 m). 1892 in Betrieb genommen, ist sie die älteste Dampfzahnradbahn der Schweiz. Die Bahn startet gegenüber vom Bahnhof und der Schiffsstation, und bringt Sie in knapp einer Stunde bis zum Hotel Rothorn Kulm in 2.244 m Höhe. Vom Rothorn aus haben Sie eine überwältigende Panoramasicht auf die Region des Berner Oberlandes.

Brienz Rothorn Bahn, 3855 Brienz, ☏ 033/9522222, <www.brienz-rothorn-bahn.ch>. Betrieb von Ende Mai bis Mitte/Ende Oktober, einfache Fahrt Brienz-Rothorn SFr 46.

Für die Schifffahrt auf dem Brienzer See sorgt die **bls Schifffahrt Thuner- und Brienzer See**. Die Schiffe verkehren zwischen Brienz und Interlaken mit zahlreichen Zwischenstops. Die einfache Fahrt kostet in der 2. Klasse von Brienz

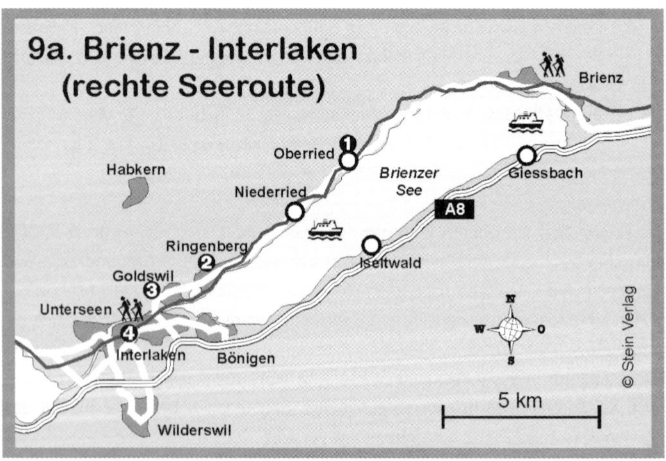

nach Giessbach SFr 6,60, von Brienz nach Interlaken SFr 16. In der Hauptsaison fahren die Schiffe bis zu achtmal am Tag. Im Winter ist der Verkehr eingestellt.

ℹ **bls Schifffahrt Thuner- und Brienzer See**, Lachenweg 19, 3601 Thun, ☎ 033/3345211, 🖳 <www.bls.ch>.

Darüber hinaus fährt auf dem Brienzer See das alte **Dampfschiff Lötschberg**, das die gleiche Route wie die oben genannte fährt. Auf dem Thuner See verkehrt das Schwesterschiff **Blümlisalp**.

ℹ **Freunde der Dampfschifffahrt Thuner und Brienzer See**, Postfach 125, 3602 Thun, ☎ 033/9522222, 🖳 <www.dampferfreunde.ch>.

9a. Von Brienz nach Interlaken über Oberried (rechte Seeroute)

⌛ ca. 5 Std.

Brienz	566 m
Oberried	589 m
Ringgenberg	604 m
Goldswil	612 m
Interlaken	568 m

Wer sich für die rechte Seeroute entscheidet verlässt Brienz auf dem Uferweg Richtung Bachtalen.

*Bis zum nächsten Zwischenziel, der Gemeinde **Oberried** ①, das Sie in etwa zwei Stunden erreichen, wandern Sie teils direkt am Ufer des Brienzer Sees, teils höher am Hang durch Wälder mit prächtiger Aussicht.*

*Etwa auf halber Strecke passieren Sie den zu Oberried gehörenden Weiler Eblingen. Entlang des Sees auf schöner Strecke über Weiden und durch Wälder passieren Sie den Ort Niederried und gelangen schließlich nach **Ringgenberg** ②. Hinter Ringgenberg gelangen Sie an den idyllischen Weiher Burgseeli und schließlich nach **Goldswil** ③, dessen auf einem Hügel thronende Kirchenruine schon von weitem sichtbar ist. Von Goldswil benötigen Sie nun nur noch eine gute halbe Stunde, bis Sie zum Etappenziel nach **Interlaken** ③ kommen.*

① Oberried

🛈 **Verkehrsverein Oberried**, 3854 Oberried, ☏ 033/8491919, 💻 <www.oberried.ch>.

🛏 **Hotel-Restaurant Rössli**, 3854 Oberried, ☏ 033/8491154, 28 Betten, ab SFr 60. Das Hotel liegt am westlichen Ortsende an der nach Interlaken führenden Straße etwas oberhalb eines schönen Badeplatzes.

B&B bei Amacher, Sodhofstatt, 3854 Oberried, ☏ 033/8491256, SFr 40.

Die 500 Einwohner zählende Gemeinde Oberried liegt am Fuße des Augstmatthorn (2.137 m) auf der Sonnenseite des Brienzer Sees. Der kleine Ort mit seinen teilweise gut erhaltenen Häusern ist für all jene richtig, die Ruhe in einer grandiosen Bergwelt suchen.

② Ringgenberg

🛈 **Tourist Information Ringgenberg-Goldswil**, Hauptstr., 3852 Ringgenberg, ☏ 033/8223388, www.ringgenberg.ch.

🛏 **Hotel Seeburg**, Schiffländte, 3852 Ringgenberg, ☏ 033/8222961, 💻 <www.hotel-seeburg.com>, 68 Betten, ab SFr 39. Das Hotel liegt direkt am Brienzer See an der Schiffsstation.

♦ Pension der Heilsarmee, Hauptstr., 3852 Ringgenberg, ☏ 033/8227025, ab SFr 17,50. In der Pension bietet die Heilsarmee eine äußerst preisgünstige Übernachtungsmöglichkeit in der Nähe des Dorfzentrums. Auch für Gäste, die nicht der Heilsarmee angehören.

Ringgenberg kann auf eine bewegte Vergangenheit zurückblicken. Anfang des 13. Jahrhunderts wurde Ritter Kuno von Brienz vom Deutschen Kaiser zum Reichsvogt des Gebietes um den Brienzer See ernannt. Er ließ im damaligen Dorf Rinkenwyl die Burg Rinkkenwil bauen, in der die Ringgenbergs bis zum Ende des 14. Jahrhunderts residierten. Bekanntester Sproß dieser bedeutenden Adelsfamilie war **Johann von Ringgenberg**, der von 1251 bis 1350 regierte. Der kluge Politiker erlangte auch als Minnesänger Ruhm. Seine Werke werden heute in Heidelberg aufbewahrt.

Die Burg wurde 1380 überfallen und geplündert. In den Jahren 1671 bis 1674 wurde dann die Ruine zur heutigen **Burgkirche Ringgenberg** umgebaut. Sehenswert sind auch die bei der Kirche liegenden historischen Häuser und das **Dorfmuseum Schlossweid**.

In Interlaken (☞ nächste Seite) gibt es zahlreiche sehenswerte Häuser

③ Goldswil

siehe unter Ringgenberg

Hotel Restaurant Burgseeli, Beim Burgseeli, 3805 Goldswil, ☎ 033/8229196, <www.burgseeli.com>, 21 Betten, ab SFr 35. Das kleine Hotel liegt in idyllischer Lage direkt am See Burgseeli.

♦ **Park Hotel Goldswil**, Hauptstr., 3805 Goldswil, ☎ 033/8222942, <www.goldswil.ch/park/index.htm>, 80 Betten, ab SFr 28. Das Hotel liegt nur wenige Gehminuten vom Dorfzentrum entfernt.

Das Dorf Goldswil, das mit Ringgenberg eine Gemeinde bildet, ist vor allem wegen der auf einem Hügel stehenden **Kirchenruine St. Peter** interessant. Das im 12. Jahrhundert errichtete romanische Gebäude ist eine der ersten Kirchen im Gebiet. Seit Ende des 17. Jahrhunderts wird sie nicht mehr genutzt. Heute ist das Gelände um die Kirche, von der die Grundmauern und der Turm erhalten sind, der Friedhof des Dorfes.

④ Interlaken

- ℹ **Interlaken Tourismus**, Höheweg 37, 3800 Interlaken, ☎ 033/8265200, 🖳 <www.interlaken.ch>.
- 🛏 **Hotel Alphorn**, Rugenaustr. 8, 3800 Interlaken, ☎ 033/8223051, 🖳 <www.hotel-alphorn.ch>, 20 Betten, ab SFr 110. Das Hotel liegt nur drei Gehminuten vom Westbahnhof entfernt und verfügt über einen Schiffsanleger.
- ♦ **E&G Hotel Harder-Minerva**, Harderstr. 15, 3800 Interlaken, ☎ 033/8232313, 28 Betten, ab SFr 55. Das Hotel liegt im Zentrum des Ortes an einer ruhigen Straße.
- ♦ **Hotel Alplodge Backpackers Interlaken**, Marktgasse 59, 3800 Interlaken, ☎ 033/8224748, 50 Betten, ab SFr 19 (ohne Frühstück). Das Hotel bietet preiswerte Übernachtung mit und ohne Frühstück. Es liegt im Zentrum nur etwa 5 Minuten vom Westbahnhof.
- ♦ **Backpackers Villa Sonnenhof**, Alpenstr. 16, 3800 Interlaken, ☎ 033/8267171, 🖳 <www.villa.ch, 80 Betten, ab SFr 29. Die empfehlenswerte, ruhige Nichtraucher-Herberge mit 2- bis 7-Bettzimmern liegt direkt am Jakobsweg im Herzen Interlakens. Es gibt einen Meditationsraum und einen kleinen Park.
- ♦ **Balmer's Herberge**, Hauptstr. 23, 3800 Interlaken, ☎ 033/8221961, 180 Betten, ab SFr 24 (ohne Frühstück). Die moderne Herberge bietet 2 bis 8-Bett-Zimmer. Nur wenige Minuten vom Zentrum.

Interlaken ist als Kurort weltberühmt. Das drückt sich auch in Zahlen aus: 63 Hotels mit 4.500 Betten, dazu Ferienwohnungen mit mehr als 1.000 Betten und 7 Campingplätze werben um die Gunst der Besucher. Interlaken bildet mit den politisch selbständigen Gemeinden Matten im Südosten und Unterseen im Westen mehr oder weniger eine Einheit. Die drei Orte liegen in einer grandiosen Bergwelt mit Eiger, Mönch und Jungfrau zwischen Brienzer- und Thuner See, die wie mit einer Nabelschnur durch die Aare miteinander verbunden sind, auf festem Grund, dem sog. Bödeli.

Interlaken wurde schon sehr früh als Touristenort entdeckt. Bereits im 18. Jahrhundert kamen erste Reisende in den Ort, teils um hier eine Kur anzutreten, teils wegen der grandiosen Landschaft wie z.B. Goethe. Im 19. Jahrhundert schwoll der Besucherstrom dann langsam an und heute ist die Stadt weltbekannt. Auffallend sind die vielen Japaner, die man allerorten eifrig fotografierend antrifft.

Die Reste der Klosteranlage bei der Höhematte lässt heute nur noch erahnen, welche Macht und Reichtum das **Augustinerkloster** im Mittelalter hatte. Es geht zurück auf das Jahr 1130, als Freiherr Seliger von Oberhofen ein Bethaus errichtete, in dem bald eine ganze Anzahl Mönche lebten. Bereits drei Jahre später nahm Kaiser Lothar III. die Anlage unter seinen Schutz. 1224 wurde es dem Schutz der Stadt Bern unterstellt und gut 30 Jahre später kam zum Männerkloster ein Frauenkloster hinzu. Im Laufe der nächsten zwei Jahrhunderte wurde das Kloster zum größten Landeigentümer des gesamten Berner Oberlandes. Mit der Macht setzte auch ein Verfall der Sitten ein, so dass sich Papst Innozenz VIII. genötigt sah, das Frauenkloster zu schließen. Im Zuge der Reformation zerfiel dann die Macht des Klosters gänzlich. Die Gebäude wurden zweckentfremdet, standen teilweise leer und verfielen. Im Jahre 1909 wurde dann auf den Grundmauern des ehemaligen Kirchenschiffes die heutige **protestantische Kirche** errichtet. Vom ehemaligen Klostergebäude sind heute noch die südlichen und östlichen Teile erhalten.

Das **Schloss**, ebenfalls auf ehemaligem Klostergelände Mitte des 18. Jahrhunderts errichtet, beherbergt heute sowohl Privatwohnungen als auch öffentliche Ämter.

Sehenswert in Unterseen ist der **historische Dorfplatz**, der ein gut erhaltenes mittelalterliches Gebäudeensemble bietet, sowie das 1527 errichtete **Schloss**, das heute als Pfarrhaus genutzt wird. Wer sich für die Entwicklung des Tourismus in der Gegend interessiert, sollte dem **Touristik Museum Unterseen** einen Besuch abstatten.

Von Mai bis etwa Mitte Oktober Di bis So von 14:00 bis 17:00.

Etwas außerhalb liegt die Ruine der **Wasserburg Weissenau**, die bis Ende des 19. Jahrhunderts noch auf einer Insel lag und erst durch die Begradigung der Aare mit dem Festland verbunden wurde.

Im Mittelalter wurde von hier aus der Schiffsverkehr und die Alpenpässe überwacht. Zusätzlich war der Ort, um den sich eine kleine Siedlung gebildet hatte, ein wichtiger Warenumschlagplatz.

9b. Von Brienz nach Interlaken über Giessbach (linke Seeroute)

⌛ ca. 4 Std.

Brienz	566 m	
Giessbach	570 m	
Iseltwald	568 m	
Böningen	570 m	
Interlaken	568 m	

Wer sich für diese Variante entscheidet fährt von Brienz zunächst mit dem Schiff zur Anlegestelle ***Giessbach*** *① auf der Südseite des Brienzer Sees (ℹ siehe bei der Ortsbeschreibung zu Brienz). Auf idyllischen Wegen geht es in 1 ½ Stunden durch eine herrliche Landschaft zum Dorf* ***Iseltwald*** *②, das malerisch auf einer in den See hinein ragenden Halbinsel liegt.*

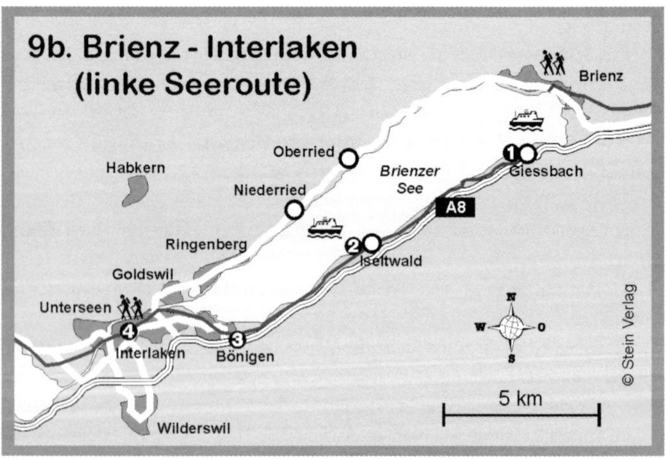

Iseltwald am Brienzer See

*Nächste Station ist der schon kurz vor dem Ziel liegende Ort **Böningen** ③. Von dort ist es bis **Interlaken** ④ nur noch ein kurzer Weg.*

① Giessbach

Grandhotel Giessbach, 3855 Brienz-Giessbach, ☏ 033/9522525, <www.giessbach.ch>, 140 Betten, ab SFr 85. Das historische Hotel liegt landschaftlich sehr schön. Von der Aussichtsterrasse hat man einen außergewöhnlichen Blick auf die Giessbachfälle.

Eines der großen Highlights des Brienzer Sees sind die berühmten **Giessbachfälle**. Über 14 Stufen stürzen gewaltige Wassermassen etwa 500 m in die Tiefe. Von der Anlegestelle am See führt eine Seilbahn hinauf zu den Wasserfällen.

② Iseltwald

Tourist Information Iseltwald, Dorfplatz, 3807 Iseltwald, ☏ 033/8451201, <www.interlakentourismus.ch>.

- **Strandhotel**, 3807 Iseltwald, ☏ 033/8451109, 💻 <www.silencehotel-bellevue.ch>, 32 Betten, ab SFr 85. Das Hotel liegt direkt an der Schiffsstation.
- **Hotel Restaurant Bellevue**, 3807 Iseltwald, ☏ 033/8451313, 💻 <www.strandhotel.ch>, 18 Betten, ab SFr 76. Das Hotel liegt direkt am See und hat eine ausgezeichnete Fischküche.
- **Schlafen im Stroh** bei Christian & Heidi Schilt, 3807 Iseltwald, ☏ 033/8451247.

Das romantische Fischerdörfchen Iseltwald (400 Einwohner) ist das einzige Dorf auf der Südseite des Brienzer Sees. Iseltwald ist ein typisches altes Berner Oberländer Dorf mit vielen noch gut erhaltenen Holzhäusern. Touristisch interessant ist es auch wegen des in den See hineinragenden Felsspornes, der eine idyllische Bucht bildet. Im Dorf finden Sie eine Reihe guter Fischrestaurants, die im See gefangenen Fisch zubereiten. Zum Dorf gehören ebenfalls die Weiler Sengg und Fura.

③ Böningen

Tourist Information Böningen, Seestr. 6, 3806 Böningen, ☏ 033/8222958, 💻 <www.interlakentourismus.ch>.

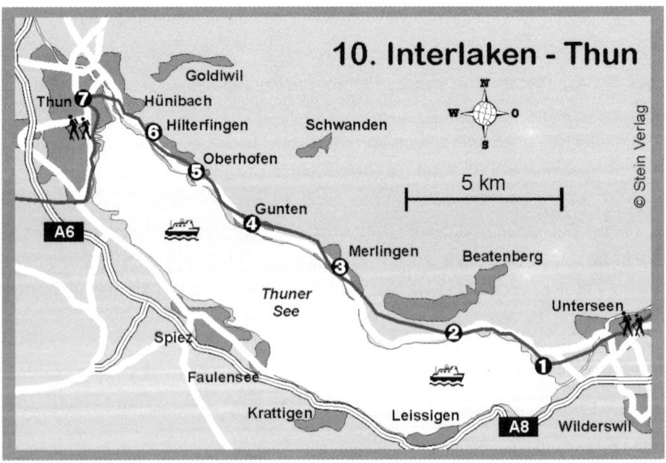

Seehotel, Seestraße 22, 3806 Böningen, ☏ 033/8270770, <www.seehotelterrasse.ch>, 46 Betten, ab SFr 94. Das Hotel liegt direkt am See.

Jugendherberge Böningen, Aareweg 21, 3806 Böningen, ☏ 033/8224353, <www.boenigen@youthhostel.ch>, 150 Betten, ab SFr 29. Die ruhig gelegene Jugendherberge ist nur eine halbe Stunde Fußweg vom Zentrum Interlakens entfernt.

Böningen liegt am unteren Ende des Brienzer Sees nur unweit von Interlaken. Der Ort besitzt einen alten intakten Dorfkern mit zahlreichen malerischen Gassen.

④ Interlaken

siehe vorige Etappenbeschreibung

10. Von Interlaken nach Thun

ca. 7 Std.

Interlaken	568 m
Neuhaus	559 m
Beatushöhlen	601 m
Merligen	612 m
Gunten	602 m
Oberhofen	588 m
Hilterfingen	579 m
Thun	560 m

Sie verlassen Interlaken über Untersee vorbei an der Burg Weissenau und gelangen zum Hafen ***Neuhaus*** *① am Thuner See. Über Sundlauenen, Teil der Gemeinde Beatenberg, kommen Sie auf z.T. historischen Pilgerwegen zum bekannten Wallfahrtsort* ***Beatushöhle*** *②. Der Weg führt nun weiter Richtung Westen auf dem sog. Pilgerweg durch Wald und Fels oberhalb des Thuner Sees. Der Pilgerweg galt im Mittelalter als sehr gefährlich und gehört heute zu einem der schönsten Streckenabschnitte auf dem Jakobsweg. Nächste Station ist das Dorf* ***Merligen*** *③, das mit seinem südländischen Flair bezaubert.*

Beatushöhle am Thuner See

☺ *In Merligen haben Sie die Möglichkeit mit dem Schiff nach Spiez überzusetzen und dann über Einigen in knapp drei Stunden nach Zwieselberg südlich von Thun zu wandern, wo Sie wieder auf die hier beschriebene Route stoßen.*

Sie verlassen Merligen und passieren das Schloss Ralligen. Durch die Guntenschlucht mit einem schön gelegenen Rastplatz erreichen Sie das Dorf ***Gunten*** *④. Von Gunten aus geht es weiter über Oertlibach nach* ***Oberhofen*** *⑤. Nächstes Zwischenziel ist die Ortschaft* ***Hilterfingen*** *⑥. Über die Ortschaft Hünibach gelangen Sie schließlich in die mittelalterliche Stadt* ***Thun*** *⑦.*

① Neuhaus

🛏 **Golf- und Strandhotel Neuhaus am See**, Seestr. 121, 3800 Interlaken, ☏ 033/8228282, 34 Betten, ab SFr 80. Das 3-Sterne-Hotel liegt direkt am See an der Schiffsstation.

Neuhaus, heute ein Wassersportzentrum, war seit dem späten 17. Jahrhundert ein wichtiger Durchgangsort für den Waren- und Personenverkehr.

Wie auf dem Brienzer See ist für die Schifffahrt auf dem Thuner See auch die Reederei bls zuständig.

bls Schifffahrt Thuner- und Brienzer See, Lachenweg 19, 3601 Thun, ☏ 033/3345211, <www.bls.ch>.

② Beatushöhle

Bildhauerarbeit am Wegesrand bei den Beatushöhlen

Die Beatushöhle, die auf den frühchristlichen Glaubensboten Beatus (gestorben um 100) zurückgeht, war im Mittelalter ein viel besuchter Wallfahrtsort. Die Pilger kamen aus allen Landesteilen. Im Zuge der Reformation versiegte der Pilgerstrom mehr und mehr. Dazu trugen vor allem die reformierten Berner bei, die die Pilgerfahrten ihrer katholischen Landsleute mehr und mehr behinderten und schließlich sogar ganz unterbanden. Anfang des 16. Jahrhunderts wurde die Kapelle abgerissen und die Höhle zugemauert. Heute sind von der ursprünglichen Wallfahrtskirche nur noch wenige Mauerreste vorhanden.

Einer Legende zufolge soll der Heilige Beatus von Petrus den Auftrag erhalten haben, den damals im Gebiet der heutigen Schweiz lebenden Einwohnern den christlichen Glauben zu verkünden. Als er am Thuner See war, erzählten ihm Hirten, dass in einer Höhle oberhalb des Sees ein wilder feuerspeiender Drache leben sollte. Beatus nahm darauf den Kampf mit dem Drachen auf und vertrieb ihn nur mit einem Kreuz bewaffnet für alle Zeiten. Anschließend zog er selbst in die Höhle und lebte dort bis er im Alter von knapp 100 Jahren starb.

Heute ist die **Beatushöhle** wieder eine viel besuchte Touristenattraktion. Neben der Beatus-Legende ist es vor allem die faszinierende Landschaft, die die Menschen anzieht, sowie das weit verzweigte Höhlensystem selbst mit Tropfsteinen, Wasserkaskaden und unterirdischen Seen. Etwa ein Kilometer des ausgedehnten Höhlensystems, das sich tief ins Innere des gewaltigen Niederhorn-Massivs erstreckt, ist für Besucher zugänglich. Darüber hinaus können Sie sich im

Höhlenmuseum über die Geschichte der Höhlenforschung in der Schweiz informieren.

Von Mitte April bis Mitte Oktober täglich (außer Mo) von 10:30 bis 17:00. Die Höhlenführung (etwa alle 30 Minuten) dauert eine knappe Stunde. Eintritt für Erwachsene SFr 16. ℹ unter ☎ 033/8411643 und <www.beatushoehlen.ch>.

③ Merligen

ℹ **Merligen Tourismus**, Seestraße, 3658 Merligen, ☎ 33/2511142, <www.merligen.ch.

Seehotel Restaurant Du Lac, Seestraße, 3658 Merligen, ☎ 033/2513731, <www.merligen-hoteldulac.ch, 50 Betten, ab SFr 65. Das Hotel liegt direkt am See.

♦ **Gasthof Traube**, 3658 Merligen, ☎ 033/2511534, 12 Betten, ab SFr 48. Das Hotel liegt in der Nähe der Schiffsstation und ist für das Restaurant mit Fischspezialitäten aus dem Thunersee bekannt.

Merligen, landschaftlich sehr schön direkt am Ausgang des Justistales am Thunersee gelegen, versetzt den Besucher mit seinen Palmen und der grandiosen Bergkulisse in eine mediterrane Umwelt. Das ehemalige Fischerdorf konnte trotz des Tourismus noch weitgehend seine Identität bewahren.

Sehenswert ist die evangelisch reformierte **Kirche Merligen**, die auf einem Felsen in einmaliger Lage über dem See thront, sowie das aus dem 14. Jahrhundert stammende **Schloss Rallingen**, das im Mittelalter vom Kloster Interlaken als Rebgut genutzt wurde.

Heute gehört es der Christusträger Communität Schweiz und wird u.a. als Gästehaus genutzt.

Empfehlenswert ist ein Ausflug auf das **Niederhorn** (1.954 m). Von dort haben Sie eine grandiose Aussicht auf die Seen und die umgebende Bergwelt des Berner Oberlandes. Aus der Beatenbucht etwas östlich von Merligen fährt eine Standseilbahn bis Beatenburg. Dort geht es mit einer Seilbahn weiter in die Gipfelregion.

④ Gunten

ℹ **Gunten-Sigriswil Tourismus**, Seestraße, 3654 Gunten, ☎ 033/2511146.

Hotel Hirschen am See, Seestraße, 3654 Gunten, ☎ 033/2529292,

<www.hirschengunten.ch>, 107 Betten, ab SFr 74. Das 4-Sterne-Hotel liegt direkt am See an der Schiffsstation.

♦ **Hotel Kreuz**, Sigriswilstr. 209, 3654 Gunten, ☎ 033/2511530, 12 Betten, ab SFr 50. Das kleine familiäre Hotel liegt an der nach Sigriswil führenden Straße.

Gunten wird vielfach als "Perle des Thuner Sees" bezeichnet. Der Ort ist vor allem bei Wassersportlern beliebt.

⑤ Oberhofen

Oberhofen Tourismus, Staatsstr. 4, 3653 Oberhofen, ☎ 033/2431419.

Parkhotel Oberhofen, 3653 Oberhofen, ☎ 033/2449191, <www.parkhoteloberhofen.ch>, 65 Betten, ab SFr 70. Das Hotel steht inmitten einer Parkanlage etwas oberhalb des Dorfes mit herrlichem Blick auf den See und die umliegenden Berge.

♦ **Hotel Restaurant Niesenblick**, Längenschachen 28, 3653 Oberhofen, ☎ 033/2431512, 12 Betten, ab SFr 70. Das Hotel liegt auf einer in den See gebauten Terrasse. Nur Nichtraucherzimmer.

Wenn Gunten die "Perle des Thuner Sees" ist, dann steht die gut 2.000 Einwohner zählenden Gemeinde Oberhofen mit der Bezeichnung "Riviera des Thuner Sees" dem in nichts nach. Bekannt geworden ist der Ort vor allem wegen seines malerischen Schlosses mit dem prächtigen Schlosspark. Das weithin sichtbare mittelalterliche **Schloss Oberhofen** lohnt allemal einen Besuch, auch wenn Sie sich nicht für das in ihm untergebrachte Museum für Wohnkultur interessieren. Das Museum bietet eine Ausstellung zur bernischen Wohnkultur mit Einrichtungen aus dem 16. bis 19. Jahrhundert.

Schloss Oberhofen, 3653 Oberhofen, ☎ 033/2431235, täglich von Mitte Mai bis Mitte Oktober .

Wer sich für historische Uhren erwärmen kann, sollte dem **Museum für Uhren und mechanische Musikinstrumente** einen Besuch abstatten. Hier können in acht Ausstellungsräumen von Turmuhren über Wanduhren bis zu Armbanduhren eine Vielzahl unterschiedlichster Zeitmesser bewundert werden sowie in einer Werkstatt antike Uhrmacherwerkzeuge. Darüber hinaus gibt es einige mechanische Musikinstrumente zu sehen.

Museum für Uhren und mechanische Musikinstrumente, Staatsstr. 18, 3653 Oberhofen, 033/2434377, <www.uhrenmuseum.ch>. von Mitte Mai bis Mitte Oktober täglich außer Mo. In der übrigen Zeit nur an Sonn- und Feiertagen.

Ein Muß für Kunstliebhaber ist die **Sammlung Karl und Jürg Im Obersteg**. In mehreren Räumen werden diverse Werke der klassischen Moderne ausgestellt. Darunter Arbeiten von Picasso, Chagall, Kandinsky, Nolde und Klee. Die Sammlung geht zurück auf den Unternehmer Karl Im Obersteg (1883 bis 1969). Sein Sohn Jürgen (1914 bis 1983) führte die Sammlung weiter und ergänzte sie.

Sammlung Im Obersteg, Staatsstr. 18, 3653 Oberhofen, 033/2433038, von Mitte Mai bis Mitte Oktober Di bis So.

⑥ Hilterfingen

Hilterfingen-Hünibach Tourismus, Staatsstr., 3625 Hilterfingen, 033/2448484.

Bellevue au Lac, Staatsstr. 1, 3652 Hilterfingen, 033/2445151, <www.bellevue-au-lac.ch, 65 Betten, ab SFr 65. Das 3-Sterne-Hotel liegt unmittelbar am See direkt an der Schiffsstation.

♦ In der Nähe der Schiffsstation gibt es im **Touristenlager Neb-Thun** Schlafplätze für insgesamt 12 Personen in zwei Räumen.
bei Caroline Habegger (Tourismuszentrale) unter 033/2448484.

Die 3.800 Einwohner zählende Gemeinde Hilterfingen bietet neben der schönen Lage am See mit den vielfältigen Wassersportangeboten vor allem das romantische **Neurenaissance-Schloss Hünegg**. Das im 19. Jahrhundert errichtete Schloss erinnert in der Bauweise an die Schlösser im Loiretal Frankreichs. Das Schloss beherbergt im Inneren ein Museum für Wohnkultur des Historismus und des Jugendstils.

Museum für Wohnkultur, Staatsstr. 52, 3652 Hilterfingen, 033/2431982, <www.Schlosshuenegg.ch>. für Besucher von Mitte Mai bis Mitte Oktober täglich nachmittags (So auch vormittags).

⑦ Thun

Thun Tourismus Organisation, Bahnhof, 3600 Thun, 033/2222340, <www.thuntourismus.ch>.

- **Hotel Freienhof**, Freienhofgasse 3, 3600 Thun, ☏ 033/2275050, <www.freienhof.ch>, 96 Betten, ab SFr 87,50. Das ausgezeichnete Hotel liegt am Rande der Altstadt auf der Aare-Halbinsel. Die Terrasse grenzt direkt an die Aare.
- **Hotel Emmental**, Bernstr. 2, 3600 Thun, ☏ 033/2220120, <www.essenundtrinken.ch>, 20 Betten, ab SFr 60. Das seit 1898 bestehende Gasthaus liegt mitten in der Altstadt. Einmal wöchentlich wird Live-Musik internationaler Bands präsentiert.
- **Herberge zur Schadau**, Seestr. 22, 3600 Thun, ☏ 033/2225222, <www.herberge.ch>, 30 Betten, ab SFr 29, mit Frühstück ab SFr 39. Die in der Nähe des Bahnhofs liegende Backpackers-Herberge bietet in vier Räumen Schlafplätze für insgesamt 30 Personen.
- zur Schiffahrt auf dem Thuner See siehe unter Brienz

Mit etwa 37.000 Einwohnern ist Thun die zehntgrößte Stadt der Schweiz. Die malerische Altstadt, das historische Schloss, die vielen Parks sowie eine Vielzahl von Sehenswürdigkeiten machen die Stadt für Touristen besonders attraktiv.

Wahrzeichen der Stadt ist das um 1190 von Herzog Berchthold V. von Zähringen erbaute **Schloss**. Das im Laufe der Jahrhunderte mehrfach erweiterte Gebäude beherbergt seit 1888 in fünf großen Sälen des Turmes ein Museum mit Ausstellungen zur regionalen Geschichte. Der frühgotische Rittersaal gilt als einer der beeindruckendsten mittelalterlichen Profanräume der Schweiz.

- **Schlossmuseum Thun**, Schlossberg 1, 3600 Thun, ☏ 033/2232001, <www.Schlossthun.ch>, für Besucher von Februar bis März täglich von 13:00 bis 16:00, von April bis Oktober täglich von 10:00 bis 17:00 und November bis Januar an Sonn- und Feiertagen von 13:00 bis 16:00.

Sehenswert ist die **Stadtkirche**, deren Turm aus dem 14. Jahrhundert stammt. In ihrem Inneren beherbergt sie einen Abendmahltisch aus dem Jahre 1602. Neben vielen weiteren historischen Gebäuden wie z.B. **Rathaus**, **Platzschulhaus**, **Bürgerhaus** oder **Kornhaus**, die Sie bei einem Stadtbummel sehen können, ist vor allem noch das **Schloss Schadau** im Ortsteil Scherzligen interessant, das inmitten eines ausgedehnten Parks liegt. Das Mitte des 19. Jahrhunderts erbaute Schloss gilt als eines der bedeutendsten Bauwerke der Romantik. Ebenfalls in diesem Ortsteil steht die legendäre **Kirche St. Maria von Scherzligen**. Die Kirche wird erstmals im Jahr 762 erwähnt. Die ältesten Teile des romanischen Kirchenschiffes stammen aus dem 10. Jahrhundert. Der Innenraum wird von kunsthistorisch bedeutenden Wandmalereien aus dem 13. und 14. Jahrhundert geziert.

11. Von Thun nach Rüeggisberg

⌛ ca. 7 ½ Std.

Thun	560 m
Amsoldingen	644 m
Längenbühl	658 m
Wattenwil	603 m
Burgistein	761 m
Riggisberg	762 m
Rüeggisberg	935 m

Über den Ortsteil Scherzligen verlassen Sie Thun entlang des Thuner Sees und erreichen das Gwatt, ein einzigartiges Natur- und Vogelschutzgebiet, das Sie auf einem schönen Uferweg mit herrlichem Blick auf die Jungfrauregion durchwandern. In Zwieselberg stoßen Sie auf die von Spiez kommende Route.

Von dort ist es nur noch eine gute halbe Stunde bis ***Amsoldingen*** *①. Sie wandern jetzt weiter in einer von der Eiszeit geformten Moränenlandschaft, die durch lang gezogene Hügel geprägt ist. Über das kleine Dorf Uebeschi mit seinem See, die Gemeinde* ***Längenbühl*** *② am Dittligsee und den Weiler Forst kommen Sie nach* ***Wattenwil*** *③. Auf leicht ansteigendem Weg erreichen Sie von Wattenwil aus in etwa 45 Minuten die Gemeinde* ***Burgistein*** *④. Über* ***Riggisberg*** *⑤ und die Weiler Tromwil und Mättiwil geht es aufwärts zum Etappenziel nach* ***Rüeggisberg*** *⑥, das gleichzeitig auch höchster Punkt dieses Streckenabschnittes ist.*

① Amsoldingen

Gasthof Kreuz, Unterdorf, 3633 Amsoldingen, ☏ 033/3411160, 10 Betten, ab SFr 55. Das Gasthaus liegt mitten im Dorf.

Das kleine Dorf Amsoldingen am Fuße der Stockhornkette bietet mit der berühmten Propsteikirche, dem Schloss und der malerischen Bergkulisse mit See

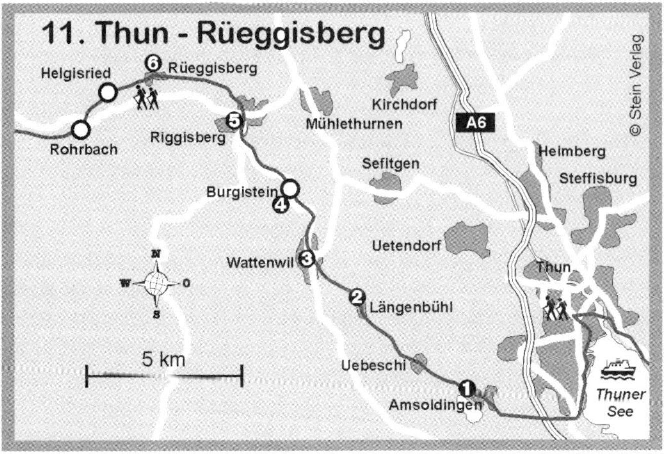

und den rauschenden Wassern des Fallbaches ein schönes Bild. Die **Propsteikirche St. Mauritius** ist eine typische Pfeilerbasilika mit drei Apsiden und einer Hallenkrypta.

Besonderes Interesse verdienen die Glasgemälde, die aus dem 14. Jh. stammen. Von den fünf Chorfenstern sind zwei noch vollständig, die restlichen teilweise erhalten.

② Längenbühl

🛏 **Gasthof Grizzly-Bär**, 3636 Längenbühl, ☏ 033/3562655, 10 Betten, ab SFr 45. Das Gasthaus hat ein schönes Gartenrestaurant.

♦ **Schlafen im Stroh** bei Daniel & Gertrud Dreier-Schneeberger, Schlupf, 3636 Längenbühl, ☏ 033/3451749.

Die eiszeitlich geprägte Moränenlandschaft um Längenbühl mit dem Dittlig- und Geistsee gilt als ideales Wandergebiet.

Der Sage nach soll im Geistsee ein eigenartiger Wasserhund leben, der die Größe eines kleinen Pferdes mit riesigem Kopf und Hals haben soll. Meist verbirgt er sich in der Tiefe des kleinen Gewässers. Er soll an schönen Tagen aber auch schon auf dem Wasser schwimmend gesehen worden sein.

③ Wattenwil

🛏 **Schlafen im Stroh** bei Johann & Regina Künzi, Hofmatt, 3665 Wattenwil, ☏ 033/3561909.

Das Gebiet um Wattenwil war schon seit Urzeiten besiedelt, was Funde aus der Stein- und Bronzezeit belegen. Urkundlich erwähnt wird der Ort erstmals Mitte des 13. Jahrhunderts.

Sehenswert ist die aus dem Jahre 1683 stammende evangelisch reformierte **Kirche sowie das Pfarrhaus**. Der barocke Taufstein ist noch älter und stammt vermutlich aus dem Vorgängerbau. Daher stammen auch zwei Glocken, die in den Jahren 1404 und 1509 gegossen wurden. Eine im wahrsten Sinne des Wortes "bewegende" Geschichte hat der Kirchturm hinter sich. Er stand nämlich bis zum Ende des 17. Jahrhunderts in einer anderen Gemeinde (Seelhofen bei Kehrsatz), wurde dort abgebaut und in Wattenwil wieder neu errichtet.

④ Burgistein

🛏 **Gasthof Bahnhof**, 3664 Burgistein-Station, ☏ 033/3563057, 7 Betten, ab SFr 35. Das einfache Haus liegt am Bahnhof im gleichnamigen Ortsteil.

Die Streusiedlung Burgistein, der ein eigentlicher Dorfkern fehlt, ist aus touristischer Sicht besonders wegen des **Schlosses Burgistein** erwähnenswert, das sehr schön in der hügeligen Landschaft liegt.

Die Anlage wurde Mitte des 13. Jahrhunderts von Jordan I. von Thun errichtet, während eines Krieges Mitte des 14. Jahrhunderts von Bern zerstört, anschließend aber wieder aufgebaut. Die heutige Form erhielt das Schloss, das sich seit 1690 im Besitz der Familie von Graffenried befindet, im 16. Jahrhundert.

⑤ Riggisberg

🛏 **Schlafen im Stroh** bei Rudolf & Christine Böhlen-Lüscher, Muriboden 101, 3132 Riggisberg, ☏ 031/8093002.

♦ **B&B** bei Familie Nussbaum, Muristr. 33, 3132 Riggisberg, ☏ 031/8090022.

Die knapp 2.000 Einwohner zählende Gemeinde Riggisberg wurde im Jahre 1148 erstmals urkundlich erwähnt. Sehenswert ist die **Kirche Riggisberg**, von der man einen schönen Blick in die Umgebung hat. Die Kirche wurde im Laufe der Jahrhunderte mehrfach umgebaut. Ältester Teil ist der spätromanische Chorturm.

In die Geschichte ging das Dorf im 2. Weltkrieg ein. Im Juli 1943 erleichterten sich englische Bomber auf ihrem Flug nach Italien in einem Gewittersturm ihrer Bombenlast über dem Dorf. Wie durch ein Wunder kam keiner der Dorfbewohner um. Die immensen Sachschäden wurden später von der britischen Regierung ersetzt.

Wer sich für Textilien interessiert, sollte einen Blick in das **Museum der Abegg-Stiftung** werfen. Das Museum für Textilien und angewandte Kunst hat weltweit einen guten Ruf.

von Mai bis November täglich nachmittags.

⑥ Rüeggisberg

Gasthof Bären, 3088 Rüeggisberg, ☏ 031/8090305, 4 Betten, ab SFr 35.

Wahrzeichen des Ortes ist die von Pilgern und Wanderern vielfach besuchte **Klosterruine**. Das Kloster geht auf die Mönche Cono und Ulrich zurück, die an dieser Stelle Mitte des 11. Jahrhunderts ihre einfachen Zellen bauten. Aus diesen Zellen ging dann in relativ kurzer Zeit ein mächtiges Kloster hervor, das eine wichtige Herberge und Zufluchtstätte der Jakobspilger war. Im 15. Jahrhundert verfielen Macht und Ansehen des Klosters allmählich und 1541 wurde es geschlossen. Die Gebäude wurden abgerissen oder anderweitig genutzt. Das Nordquerschiff diente lange Zeit als Getreidespeicher und Gerümpelkammer.

Sehenswert ist auch die auf das 9. Jahrhundert zurückgehende **Martinskirche** im Zentrum des Dorfes. Vom ersten Bau sind allerdings nur noch Teile von Wänden und Turmfundamente erhalten.

Stolz ist der Ort auch auf den bekannten Kunstmaler **Timmermahn**, der mitten im Dorf in einem schönen Bauernhaus sein Atelier hat.

12. Von Rüeggisberg nach Freiburg

ca. 6 ½ Std.

Rüeggisberg	935 m	
Schwarzenburg	800 m	

Heitenried	787 m	
St. Antoni	715 m	
Tafers	651 m	
Freiburg	629 m	

Von Rüeggisberg wandern Sie in etwa 2 ½ Stunden über Helgisried, Rohrbach, Henzischwand, Eilisried und Schönentannen nach ***Schwarzenburg*** *①. Dabei überqueren Sie in der Nähe Rohrbachs den tief in ein Tal eingeschnittenen Fluss Schwarzwasser und wandern anschließend über eine sanft hügelige Hochebene mit grandioser Fernsicht, die bis zum Schweizer Jura reicht.*

☺ *Ab Rüeggisberg gibt es eine Variante über Vorder- und Hinterfultigen. Diese etwas längere Route führt allerdings nicht direkt nach Schwarzenburg, sondern nördlich am Ort vorbei zur Gemeinde* ***Wahlern*** *②, nach der sich beide Wege wieder vereinen.*

☺ *Der Abschnitt des Jakobsweges von Schwarzenburg bis nach Tafers ist geprägt durch zahlreiche, noch gut erhaltene historische Wegstücke, die aus dem Fels gehauen und mit einer schönen Pflasterung versehen wurden. Teilweise sind in den Felsen historische Inschriften sowie Trittlöcher zu erkennen.*

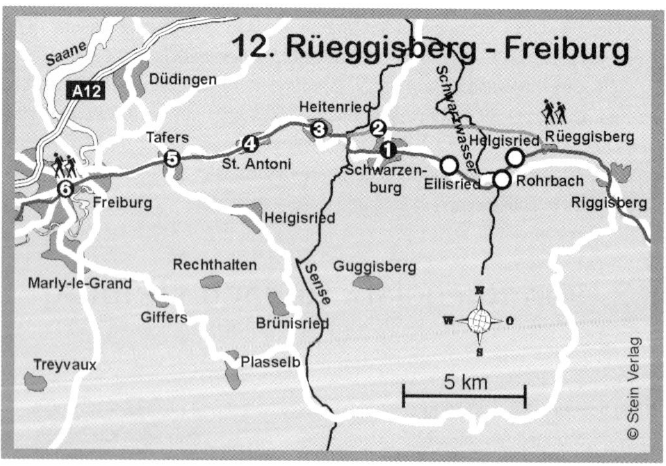

Von Schwarzenburg aus geht es zunächst über den Weiler Wart in das Tal der Sense. Von dort haben Sie flussabwärts einen wunderbaren Blick auf die ehemalige Reichsfeste Grasburg, die auf einem Felsen oberhalb der Sense thront. Sie wandern weiter flussaufwärts durch das wildromantische Tal bis zur Sodbachbrücke, einer gedeckten Holzbrücke mit einer Spannweite von über 40 m, die 1867 gebaut wurde. Daneben steht die moderne, 1979 errichtete Autobrücke über den Fluss. Hier überqueren Sie die Sense, verlassen den Kanton Bern und kommen nach Freiburg. Etwa eine Stunde nach Ihrem Aufbruch aus Schwarzenburg erreichen Sie das Dorf ***Heitenried*** *③. Von Heitenried benötigen Sie etwa 45 Minuten, um über die Weiler Schleif und Cheer nach* ***St. Antoni*** *④ zu gelangen. Nächster größerer Zwischenstopp vor Freiburg ist der Bezirkshauptort* ***Tafers*** *⑤, den Sie über Wissenbach, Schlund, Rohr und Rohrmoos nach etwa einer Stunde erreichen. Weiter geht es durch ein ehemaliges Sumpfgebiet und anschließend durch eine von Hecken und Bäumen geprägte Landschaft in das kleine Dorf Uebewil mit der 1789 erbauten Kapelle, dem Herrenhaus aus dem 17. Jahrhundert und dem 1765 erbauten Schloss. Von hier aus ist schon die nahe Kantonshauptstadt* ***Freiburg*** *⑥ zu sehen. Das Ziel dieser Etappe ist die historische Altstadt.*

① Schwarzenburg

- ℹ **Verkehrsverband Schwarzenburgerland**, Dorfplatz 22, 3150 Schwarzenburg, ☎ 031/7311392, 💻 <www.schwarzenburgerland.ch>.
- ☺ Im Gemeindehaus der Kirche in der Junkerngasse ist ein **Info Center Jakobsweg** eingerichtet. Hier erhalten Sie detaillierte Informationen zum Jakobsweg, ☎ 031/7314211.
- 🛏 **Hotel Restaurant Sonne**, Dorfplatz 3, 3150 Schwarzenberg, ☎ 031/7312121, 💻 <www.sonne-schwarzenburg.ch>, 38 Betten, ab SFr 65. Das Hotel liegt nur unweit vom Bahnhof im Zentrum des Ortes.
- ♦ **Gasthof Bühl**, 3150 Schwarzenberg, ☎ 031/7310138, 12 Betten, ab SFr 70.
- ♦ **B&B** bei Trudi Bähler, Höhe 46, 3150 Schwarzenburg, ☎ 031/7310244.
- ♦ Über die Gemeinde können auch für Gruppen oder Einzelreisende Schlafplätze in einem Massenlager gebucht werden, ☎ 031/7320100.

Schwarzenburg ist das Zentrum des **Schwarzenburgerlandes**, das zu den schönsten voralpinen Landschaften der Schweiz gehört. Die Gegend hat ihren ländlichen Charakter weitgehend bewahrt und ist von größeren Industrieansiedlungen verschont geblieben. Der Ort liegt in einer Senke zwischen den beiden Flüssen Sense und Schwarzwasser. Bemerkenswert ist im Ort vor allem das am Dorfrand stehende, 1575 erbaute Schloss sowie die reformierte Kirche aus dem 15. Jahrhundert mit dem sich nach oben verjüngenden Turm.

Im Nordwesten etwas außerhalb von Schwarzenburg liegt die Burgruine der ehemals strategisch wichtigen **Reichsfeste Grasburg**. Die Reste der Grasburg gelten als bedeutendste Burgruine des Kantons Bern.

Wer die Geschichte der Gegend genauer kennen lernen möchte, hat dazu Gelegenheit im kleinen **Regionalmuseum Schwarzwasser**.

♦ Regionalmuseum Schwarzwasser, Leimern 5, 3150 Schwarzenburg, ☏ 031/7311677, Mai bis Oktober sonntags von 14:00 bis 17:00.

② Wahlern

Zu den bekanntesten Sehenswürdigkeiten im Schwarzenburgerland gehört die Maria Magdalena und Jakobus geweihte spätgotische **Wallfahrtskirche**, die in Wahlern majestätisch auf einem Hügel über der Landschaft thront.

③ Heitenried

Verkehrsverein Heitenried, Dorfzentrum 491, 1714 Heitenried, ☏ 026/4951515, <www.heitenried.ch>.

Hotel Restaurant Sternen, Dorf 205, 1714 Heitenried, ☏ 026/4951116, <www.hotelrestaurantsternen.ch>, 12 Betten, ab SFr 55.

Die Gemeinde Heitenried ist eine typische Streusiedlung. Gut 1.000 Einwohner verteilen sich auf knapp 10 km^2.

Sehenswert ist vor allem die neugotische **Michaeliskirche**, die Anfang des 20. Jahrhunderts erbaut wurde. Sie beherbergt wertvolle alte Statuen aus dem Mittelalter, die aus der alten Michaeliskirche stammen. Die alte Kirche geht wahrscheinlich auf das 8. Jahrhundert zurück. Erwähnt wird sie urkundlich erstmals im Jahr 1228. Im Laufe der Jahrhunderte wurde sie mehrfach erweitert und umgebaut, bis sie 1905 geschlossen und ihre Funktion von der neuen Kirche übernommen wurde.

Das heutige Schulhaus, Schloss Heitenried, wurde im 11. Jahrhundert erbaut. Auch dieses Bauwerk wurde im Laufe der Jahrhunderte vielfach umgebaut, zuletzt vor knapp 10 Jahren.

④ St. Antoni

Tourist Information, Post, 1713 St. Antoni, ☏ 026/4951141, <www.stantoni.ch>.

St. Antoni ist eine weit im Land verstreute Gemeinde. Das eigentliche Dorf liegt ziemlich am Rand des Gemeindegebietes, das vor allem von der Landwirtschaft geprägt wird. Das Hauptgewicht liegt dabei auf der Milchwirtschaft. In vier Käsereien, eine davon im Dorf St. Antoni, werden täglich bis zu 16.000 kg Milch verarbeitet.

Sehenswert ist die 1866 erbaute **reformierte Kirche** sowie die katholische **Kirche St. Antonius** von 1894. Die Kirche wurde an die aus dem 15. Jahrhundert stammende Antoniuskapelle angebaut. Darüber hinaus sind über das gesamte Gemeindegebiet noch zahlreiche weitere sehenswerte Kapellen und historische, zum Teil unter Denkmalschutz stehende Häuser, verteilt.

⑤ Tafers

in der Post, 1712 Tafers, ☏ 026/4941156, <www.tafers.ch>.

Hotel Restaurant Taverna, Freiburgstr. 2, 1712 Tafers, ☏ 026/4945313, <www.hoteltaverna.ch>, 28 Betten, ab SFr 65. Das 1909 erbaute Hotel liegt im Zentrum des Dorfes an der Straße Düdingen - Schwarzsee.

Der heute 2.500 Einwohner zählende Ort Tafers wurde das erste Mal um die Mitte des 12. Jahrhunderts erwähnt. Der Ort ist aber bedeutend älter. Er geht wohl auf eine römische Gründung zurück, was auch der Ortsname nahelegt, der aus dem Lateinischen *ad tabernas* (beim Gasthof) abgeleitet ist.

Zu sehen gibt es in Tafers u.a. die katholische **Kirche St. Martin**. Der gotische Glockenturm stammt aus dem 16. Jahrhundert, das Kirchenschiff aus dem 18. Jahrhundert. Das Innere beherbergt mehrere kunsthistorisch wertvolle Statuen. Neben der Kirche befindet sich das aus dem 18. Jahrhundert stammende **Beinhaus**. Sehenswert ist auch das für die Gegend typische **Sigristenhaus** neben der Kirche, das 1780 als Schulhaus errichtet wurde.

Das mit Schnitzereien und Inschriften reich verzierte Haus beherbergt heute das **Heimatmuseum des Sensebezirks**.

Sensler Museum, 1712 Tafers, ☏ 026/4942531, ganzjährig Do bis So von 14:00 bis 17:00.

Darüber hinaus zu erwähnen ist das **Gasthaus St. Martin** (heute nur noch Restauration) aus der Mitte des 18. Jahrhunderts und die **Jakobskapelle** auf dem Friedhof. Die Jakobskapelle wird für das Jahr 1665 erstmals erwähnt. Ihre heutige Bauform erhielt sie Mitte des 18. Jahrhunderts. Die Kapelle ist außen mit verschiedenen Bildern bemalt, die von **Jakob Stoll** stammen, einem bekannten Kunstmaler der Region, der von 1731 bis 1812 lebte. Neben Bildern des Heiligen Jakobus und von Johannes wird auch die Legende vom **Galgenwunder** dargestellt, das sich angeblich in Tafers in einer Herberge abgespielt haben soll.

In der Legende geht es um einen betrügerischen Herbergsvater, der seinen Gästen, einem Vater mit Sohn, die auf Pilgerreise nach Santiago waren, einen wertvollen Gegenstand ins Gepäck schmuggelte. Am nächsten Morgen bezichtigte er die beiden dann des Diebstahls. Der Sohn wurde verhaftet und anschließend an einem Galgen erhängt. Der Vater setzte seine Reise nach Santiago fort und klagte dort angekommen sein Leid. Auf dem Rückweg kam er am Galgen vorbei und fand zu seiner großen Freude den Sohn lebend vor.

Der Richter, dem die Geschichte erzählt wurde, als er gerade ein Hähnchen briet, wollte sie natürlich nicht glauben und rief aus: "Genauso wie dieser Hahn nicht zurück ins Leben kann, kann der Gehenkte nicht wieder lebendig werden." In diesem Moment flog der Hahn davon. Der Richter verurteilte darauf den betrügerischen Wirt und ließ ihn hängen. Die beiden Pilger aber kamen heil nach Haus.

Die Legende vom Galgenwunder reklamieren allerdings auch einige andere Orte entlang des Jakobsweges in Deutschland, der Schweiz und Spanien für sich.

⑥ Freiburg/Fribourg

ℹ **Fribourg Tourisme**, Avenue de la Gare 1, 1700 Fribourg, ☎ 026/3501111, 💻 <www.fribourgtourism.ch> und 💻 <www.fr.ch>.

🛏 **Auberge de Zaehringen**, Rue de Zaehringen 13, 1700 Fribourg, ☎ 026/3224236, 💻 <www.auberge-de-zaehringen.ch>, 5 Betten, ab SFr 115. Das Hotel ist das älteste Patrizierhaus Freiburgs. Es liegt direkt in der Altstadt neben der Kathedrale.

♦ **Hotel de la Rose**, Rue de Morat 1, 1700 Fribourg, ☎ 026/3510101, 70 Betten, ab SFr 100. Das Hotel, das in einem historischen Gebäude aus dem 17. Jahrhundert untergebracht ist, liegt in der Altstadt in der Nähe der Kathedrale.

B&B bei Paul Egger, Planche-Supérieur 4, 1700 Fribourg, ☎ 026/3227819, SFr 45. Die Unterkunft (ein Zimmer) liegt mitten in der Altstadt.

Jugendherberge Fribourg, Rue de l'Hopital 2, 1700 Fribourg, ☏ 026/3231916, <fribourg@youthhostel.ch>, 70 Betten, ab SFr 29. Die Jugendherberge ist im Nordteil des alten Bürgerspitals aus dem 17. Jahrhundert nur unweit von Altstadt und Bahnhof untergebracht.

♦ Über die Gemeinde können auch für Gruppen oder Einzelreisende Schlafplätze in einem Massenlager gebucht werden, ☏ 031/7320100.

Die 36.000 Einwohner zählende Kantonshauptstadt Freiburg liegt an einer Doppelschleife der Saane (frz. Sarine). Der Fluss bildet die Grenze zwischen deutschem und französischem Sprachraum. City und Altstadt liegen im französischsprachigem Teil. Heute sprechen etwa 21.000 Einwohner französisch, 8.000 deutsch. Darüber hinaus gibt es noch relativ große Gruppen italienisch (1.800), portugiesisch (1.300) und spanisch (1.200) sprechender Bürger. Weltberühmt ist der Ort wegen seines historischen Stadtkerns, der das größte geschlossene mittelalterliche Zentrum Europas bildet.

Im Gegensatz zu anderen Städten der Region ist Freiburg noch relativ jung. Erst 1157 wurde die Stadt von Berthold IV. von Zähringen gegründet. Mit Berthold V., dem Gründer Berns, erlosch die Adelsfamilie der Zähringer, und Freiburg ging im Jahre 1218 an die Grafen von Kyburg über, die die Stadt aber 1277 aus Geldmangel an die Söhne des deutschen Königs Rudolf I. von Habsburg verkauften. Fast 200 Jahre, bis 1452 herrschten nun die Habsburger über die Stadt. Abgelöst wurden sie für kurze Zeit von den Grafen von Savoyen, bis Freiburg 1478 die Reichsfreiheit erhielt und schließlich am 22. Dezember 1481 der Eidgenossenschaft beitrat. Während der Reformation blieb Freiburg dem alten Glauben treu, obwohl es schließlich ganz von protestantischen Nachbarn umgeben war.

Freiburg bietet eine ganze Reihe interessanter Sehenswürdigkeiten. Als erstes ist da die **Altstadt** an sich zu nennen, die sich aus dem Burgquartier, dem Auquartier und dem Neustadtquartier zusammensetzt und ein in sich geschlossenes Bild einer mittelalterlichen Stadt abgibt. Monumentalstes Bauwerk ist die hochgotische **Kathedrale St. Niklaus**, die zwischen 1283 und 1490 errichtet wurde. Sehenswert sind u.a. die knapp 100 Jahre alten Jugendstilfenster, die zu den wichtigsten Werken zeitgenössischer Glasmalerei gehoren. Ein Prunkstück ist auch der Turm, der 13 Glocken enthält. Über 365 Stufen kommen Sie auf eine Aussichtsplattform in 74 m Höhe, von der Sie einen wunderbaren Blick auf die Stadt und Umgebung haben. Darüber hinaus gibt es eine Reihe weiterer interessanter

Kirchen, deren Inneres bedeutende Kunstwerke beherbergen, wie z.B. die **Kirche St. Moritz** des ehemaligen Augustinerklosters, dessen Kirche einen prachtvollen Hochaltar vom Ende des 16. Jahrhunderts beherbergt. oder die klassizistische **Loretokapelle** aus der Mitte des 17. Jahrhunderts, die eine Nachbildung der Wallfahrtskirche Santa Casa von Loreto bei Ancona ist. Von ihr haben Sie eine besonders schöne Aussicht. Als letztes Beispiel sei noch die Kirche des **Zisterzienserinnenklosters Magerau** genannt, die aus dem 13. Jahrhundert stammt und eine seltene Heiliggrabgruppe beherbergt.

Interessant sind auch die über das Stadtgebiet verstreuten 11 mittelalterlichen Brunnen wie z.B. der **Brunnen des Heiligen Georgs** auf dem Rathausplatz, der die Burg der Zähringer mit Wasser versorgte, oder der **Brunnen der Tapferkeit** neben dem Chor der Kathedrale, der auf das 14. Jahrhundert zurückgeht.

Wichtige Baudenkmäler sind auch die zahlreichen Brücken. Die 40 m lange **Bernbrücke** ist die letzte gedeckte Brücke Freiburgs. Ursprünglich im spätgotischen Stil erbaut, erscheint sie heute nach zahlreichen Restaurationen im barocken Outfit. Die 1720 erbaute **Mittlere Brücke** ist ein 70 m langer vierbogiger Tuffbau. Ebenfalls aus Tuff ist die aus dem Jahr 1746 stammende dreibogige **St. Johann-Brücke**.

Die noch erhaltenen Stadtmauern, Türme und Befestigungsanlagen bilden das bedeutendste Ensemble schweizer **Militärarchitektur** aus dem Mittelalter. Insgesamt sind etwa 2.000 m Stadtmauern, 14 Türme und ein Bollwerk erhalten, die zwischen dem 13. und 15. Jahrhundert errichtet wurden.

Erst gut 100 Jahre alt ist die 1899 errichtete **Standseilbahn** (Funiculaire), die in zwei Minuten das historische Neustadtquartier mit dem modernen Stadtzentrum verbindet.

Zu erwähnen ist weiter das spätgotische **Rathaus**, in dem derzeit das Kantonsparlament tagt. Das Rathaus, zunächst als Speicher konzipiert, wurde in den Jahren von 1501 bis 1521 erbaut. Besondere Beachtung verdient noch die sog. Murtenlinde auf dem Rathausplatz. Sie soll ein Abkömmling der Linde sein, die nach der Schlacht von Murten, in der die Eidgenossen die Streitmacht Karls des Kühnen besiegten, gepflanzt wurde.

Wer sich für **Museen** interessiert, findet auch auf diesem Sektor eine reiche Auswahl wie z.B. das Museum für Kunst und Geschichte, das Naturhistorische Museum, das Schweizer Figurenmuseum, das Schweizer Nähmaschinenmuseum oder das Biermuseum CARDINAL.

Westschweiz
13. Von Freiburg nach Romont

⌛ ca. 7 Std.

Freiburg	629 m
Posieux	675 m
Posat	679 m
Romont	780 m

Da der Weg aus Freiburg heraus nicht ganz so einfach wie bei den kleineren Orten zu finden ist, erfolgt für diesen Abschnitt eine detaillierte Wegbeschreibung: Startpunkt ist der Bahnhofsvorplatz gegenüber dem TI-Büro. Sie gehen durch die Unterführung unter den Gleisen hindurch und am Busbahnhof vorbei. Oben angekommen gehen Sie die Avenue du Midi weiter, bis nach wenigen hundert Metern schräg rechts oben die Route de la Vignettaz, die später Route du Fort-St-Jaques heißt, abgeht. Sie folgen diesem Straßenzug bis Sie auf die Route de Villars stoßen und gehen dort links. Am übernächsten Kreisverkehr, der durch seine Größe besonders auffällt (hier geht es rechts zur Autobahn), sehen Sie etwas links versetzt jenseits der Straße ein gut 2,5 m hohes Jakobskreuz aus

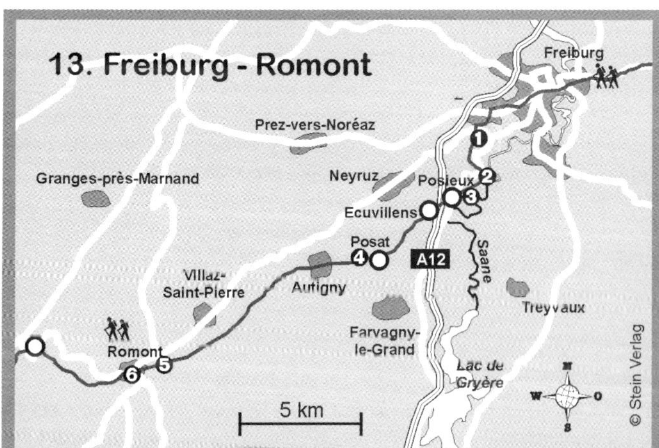

Stein, auf das Sie zuhalten. Am Kreuz führt der Weg in einen kleinen Wald. Ab hier ist die Wegführung wieder klar.

☞ *In diesem Wald verzweigt sich der Weg. Die in diesem Führer beschriebene Hauptroute führt über Romont nach Moudon. Die Alternativstrecke verläuft über Payerne und anschließend durch das Tal der Broye nach Moudon. Für die Strecke von Freiburg nach Payerne müssen Sie mit etwa 5 Stunden rechnen, für den Abschnitt von Payerne bis Moudon nochmals etwa 5 Stunden.*

Hinter dem Wald gelangen Sie durch ein Wohngebiet an einem Bahnhof vorbei nach **St. Apolline** ①. *Sie wandern jetzt durch Feld und Wald bis in den Bois de Monterban, einen größeren Laubwald, an dessen Ende sich der Jakobsweg erneut gabelt. Wenn Sie es eilig haben, können Sie hier geradeaus weitergehen, bis Sie im Weiler Ecuvilens an der Kirche wieder auf die etwas längere, im Folgenden beschriebene Wegvariante stoßen.*

Wenn Sie sich an der Kreuzung nach links wenden, führt Ihr Weg über Grangeneuve durch das Gelände des landwirtschaftlichen Institutes des Kantons Freiburg zur sehenswerten Zisterzienserabtei **Hauterive** ②. *Nächste Zwischenstation ist der kleine Ort* **Posieux** ③, *den Sie nur wenig später erreichen. Hinter dem Ort queren Sie die zum Genfer See führende Autobahn und treffen gleich darauf in Ecuvillens auf die Wanderer, die sich im Wald von Monterban für die Abkürzung entschieden haben. Von hier erreichen Sie in einer knappen Stunde vorbei an einem Flugplatz und durch den Wald Bois de Carnard die Streusiedlung* **Posat** ④.

Über eine schöne Hängebrücke queren Sie die Glâne und gelangen über La Crétause und Autigny nach Chavannes-sous-Orsonnens mit der sehenswerten, hochbarocken Kapelle aus dem 16. Jahrhundert. Weiter geht es in südwestlicher Richtung und schon bald kommt die auf einem Hügelzug gelegene mittelalterliche Stadt Romont in Sicht. Unmittelbar vor dieser Ortschaft erreichen Sie die Abtei La Fille-Dieu am Ortseingang von **Les Chavannes-sous-Romont** ⑤. *Von hier ist es nur noch ein Katzensprung den Hügel hinauf in die mittelalterliche Stadt* **Romont** ⑥.

① St. Apolline

An dieser Stelle queren Sie die Glâne, einen Nebenfluss der Saane, über eine alte Steinbrücke mit schönem Kopfsteinpflaster. Der Fluss war an dieser Stelle bereits im 13. Jahrhundert überbrückt. Die heutige Brücke stammt vom Anfang des 19.

Jahrhunderts. Die neben der Brücke stehende Kapelle St. Apolline wurde Mitte des 16. Jahrhunderts gebaut. Sie ersetzte einen Bau, der bereits im Jahr 1147 urkundlich erwähnt wurde.

② Hauterive

Die 1138 kurz vor der Stadtgründung von Freiburg von Guillaume de Glâne gestiftete Zisterzienserabtei Hauterive liegt landschaftlich sehr schön in einer Schleife der Saane, die sich hier im Lauf der Jahrtausende tief in den Sandstein eingegraben hat. Das lässt sich besonders schön auf der gegenüberliegenden Flussseite sehen, wo sich ein schroffes, senkrecht abfallendes Steilufer gebildet hat.

Die heutigen Gebäude des Klosters stammen zum größten Teil aus dem 18. Jahrhundert, die Kirche Notre Dame aus dem 12. Jahrhundert. Beachtenswert sind die Glasmalereien aus dem 14. Jahrhundert im Chor der dreischiffigen Kirche sowie der gotische Hauptaltar und das Chorgestühl vom Ende des 15. Jahrhunderts. In einem Laden (Sa von 14:00 bis 17:00 und So von 10:45 bis 11:45 sowie 14:45 bis 17:00; am ersten So des Monats nachmittags geschlosssen) können Sie von den Mönchen erzeugte Produkte erwerben.

③ Posieux

Hôtel Brasserie La Croix Blanche, Route de Fribourg 71, 1725 Posieux, ☏ 026/4119900, 8 Betten, ab SFr 75. Das Hotel liegt mitten im kleinen Ort an der Straße nach Freiburg.

Die **Kapelle Sacré-Coeur de Jesus** in Posieux sehen Sie schon von weitem auf einem kleinen Hügel thronen. Sie ist vor allem wegen der großen Marmorstatue sehenswert.

④ Posat

Posat war einst Sitz eines Nonnenklosters, das aber bereits Ende des 16. Jahrhunderts wieder aufgelöst wurde. Die Gaststätte Restaurant de la Croix wurde auf den Grundmauern des Klosters gebaut. Am Ende der Streusiedlung auf dem Weg zur Glane liegt die **Kapelle von Posat**. Die Kapelle stammt aus der Anfangszeit des Klosters. Sie wurde etwa 100 Jahre nach dessen Stilllegung am ursprünglichen Standort abgebaut und hier am Ufer der Glane wieder aufgebaut. Durch das Quellwasser, dem eine wunderbare Heilkraft zugeschrieben wurde, ist die Kapelle ein viel besuchter Wallfahrtsort.

⑤ Les Chavannes-sous-Romont

Der direkt am Fuße des Hügels von Romont gelegene kleine Ort ist vor allem wegen der 1269 durch eine Gruppe von Frauen gegründeten **Abtei Fille-Dieu** von Interesse. Das Zisterzienserinnenkloster hat eine wechselvolle Geschichte hinter sich und unterstand im Laufe der Jahrhunderte verschiedenen kirchlichen Herren, u.a. in der zweiten Hälfte des 19. Jahrhunderts direkt dem Papst. Heute untersteht es dem Bischof von Lausanne, Genf und Freiburg. Besonderes Augenmerk verdienen die Glasmalereien des zeitgenössischen englischen Künstlers Brian Clark.

⑥ Romont

Wegweiser in Romont

Office du Tourisme de Romont, Rue du Château 112, 1680 Romont, ☏ 026/6523152, <www.romont.ch>.

Hôtel Le Lion d'Or, Grand-Rue 38, 1680 Romont, ☏ 026/6522296, 27 Betten, ab SFr 65. Das Hotel liegt im Zentrum des Städtchens.

Mittelalterliche Burg in Romont

Der Name des Ortes wird von *rotundus mons* abgeleitet, was *runder Berg* bedeutet. Wenn man das mittelalterliche Marktstädtchen aus der Ferne sieht, wie es auf dem Hügelzug aus der umgebenden Landschaft ragt, wird dieser Zusammenhang deutlich.

Die 3.600 Einwohner zählende Gemeinde wurde um 1240 von Peter II. von Savoyen, der als "Kleiner Karl der Große" in die Geschichte einging, gegründet. Heute gilt Romont als Zentrum der Glasmalerei in der Schweiz.

Neben dem **mittelalterlichen Stadtbild** mit der Ringmauer, den verschiedenen Türmen und historischen Brunnen ist vor allem das **Schloss** aus dem

13. Jahrhundert erwähnenswert, in dem heute das Schweizerische Museum für Glasmalerei untergebracht ist.

- April bis Oktober Di bis So von 10:00 bis 12:00 und 14:00 bis 18:00. Von November bis März nur Sa und So, ☏ 026/6521095.

Sehenswert ist darüber hinaus die gotische, aus dem 13. Jahrhundert stammende **Stiftskirche Maria Himmelfahrt** mit wertvollen Glasmalereien vom 14. bis zum 20. Jahrhundert sowie schönen Statuen, Chorstuhl und -gitter.

Im Ort hat sich bis heute in leicht abgeänderter Form ein mittelalterlicher Brauch erhalten. Am Karfreitag ziehen nach dem Gottesdienst in einer Prozession schwarzverhüllte Klageweiber, die sog. *pleureuses*, singend und betend durch den Ort, wobei sie den Leidensweg Christi nachvollziehen.

14. Von Romont nach Moudon

⌛ ca. 3 ½ Std.

Romont	780 m	Bus, Bahn, Unterkunft, Restaurant, Post
Curtilles	515 m	Bus, Restaurant
Moudon	513 m	Bus, Bahn, Unterkunft, Restaurant, Post

Sie verlassen Romont nach Südwesten und steigen über den Weiler Hennens auf Feldwegen hinauf auf eine Hügelkette. An einem Sendemast haben Sie aus über 800 m Höhe eine wunderbare Rundumsicht. Zurück sehen Sie zum letzten Mal Romont mit den Freiburger Alpen im Hintergrund, und voraus ist Lucens mit dem Schloss zu sehen. Beim Abstieg Richtung Lovatens verlassen Sie den Kanton Fribourg und kommen in den Kanton Waadt (frz. Vaud). Hinter Lovatens erreichen Sie nach wenigen Minuten das am rechten Ufer der Broye gelegene ***Curtilles*** *①.*

☺ *Wenn Sie von Curtilles aus geradeaus weiter Richtung Lucens gehen, kommen Sie nach knapp 10 Minuten an die Straßenbrücke über die Broye. Gleich hinter der Brücke führen Steintreppen hinunter an den Fluss. Der Weg auf dieser Seite der Broye ist wesentlicher schöner als der offiziell markierte und nur knapp 10 Minuten länger. Kurz vor Moudon können Sie den Fluss über eine Fußgängerbrücke queren und stoßen dort wieder auf den markierten Jakobsweg.*

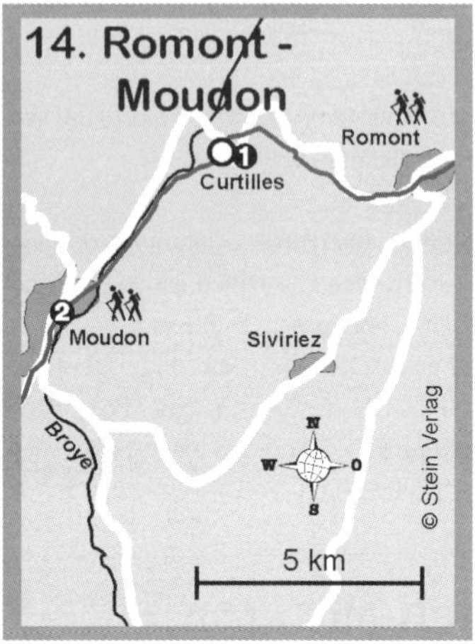

Wenn Sie über den "offiziellen" Weg weitergehen wollen, wenden Sie sich in Curtilles am Restaurant Fédéral nach links. Der Weg führt nun weiter durch Wiesen und Felder an die Broye, wo er dann am Deich weiter bis ***Moudon ②*** *verläuft.*

① Curtilles

Der kleine Ort Curtilles ist vor allem wegen der Mitte des 11. Jahrhunderts gegründeten **Pfarrkirche St. Pierre** von Interesse, die im 16. und nochmals im 19. Jahrhundert gründlich restauriert wurde. Sehenswert sind kunsthistorisch wertvolle Glasmalereien, die aus der Zeit um 1500 stammen. Interessant ist auch der einfache Glockenturm, der in dieser Form nur in wenigen Kirchen des Waadtlandes vorkommt.

Die heute nur aus wenigen hundert Einwohnern bestehende Gemeinde war früher von größerer Bedeutung, was sich daran ablesen lässt, dass hier im 9. Jahrhundert zwei Diözesansynoden abgehalten wurden. Im Laufe der Zeit verlor der Ort jedoch zu Gunsten von Lucens und vor allem Moudon an Bedeutung. Sogar das 1840 erbaute Schulhaus des Ortes mußte 1968 geschlossen werden.

② Moudon

🛏 **Hôtel du Chemin de Fer**, Place St. Etienne 4, 1510 Moudon, ☏ 021/9057091, 17 Betten, ab SFr 80. Das Hotel liegt im Zentrum an der Pfarrkirche St. Etienne.

Die etwa 3.000 Einwohner zählende Gemeinde Moudon liegt auf beiden Seiten der Broye. Die schöne Altstadt (Ville Haute) mit vielen historischen Gebäuden befindet sich auf der linken Seite des Flusses. Von der Broyebrücke und entlang des Flusses haben Sie einen wunderbaren Blick auf die Altstadt. Sehenswert sind neben dem gesamten Ortsbild vor allem die Schlösser **Tour de Broye** aus dem 12. Jahrhundert, **Rochefort** vom Ende des 16. Jahrhunderts und **Billens** aus dem

17 Jahrhundert. Ein kleines **Heimatmuseum** befindet sich im Schloss Rochefort (geöffnet im Sommer So von 14:00 bis 17:00 Uhr).

Das Bild der Unterstadt (Ville Basse) wird geprägt durch die frühgotische Pfarrkirche St. Etienne aus dem 13. Jahrhundert. Im Inneren beherbergt sie wertvolles Chorgestühl vom Anfang des 16. Jahrhunderts.

15. Von Moudon nach Lausanne

ca. 7 Std.

Moudon	513 m	
Montpreveyres	787 m	
Lausanne	495 m	

Von Moudon geht es entlang der Broye nach Bressonaz, wo Sie zunächst die Broye und anschließend die Carrouge überqueren. Von hier gelangen Sie in etwa 60 Minuten, vorbei an Syens auf einem Höhenrücken durch eine von kleineren Wäldern aufgelockerte Wiesen- und Weidenlandschaft, nach Vucherens mit seiner kleinen aus dem 18. Jahrhundert stammenden Kapelle. Zurück haben Sie

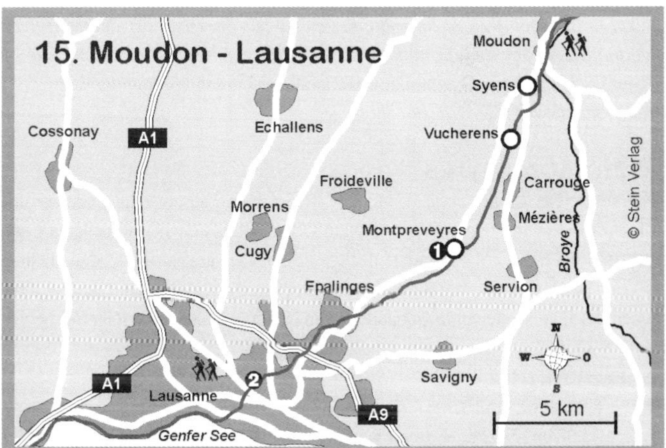

einen schönen Blick nach Moudon, und nach Osten sind bei klarer Sicht die Freiburger Alpen zu sehen.

Von Vucherens aus geht es weiter über befestigte Feldwege in südlicher Richtung. Rechts voraus sehen Sie die ausgedehnten Wälder des Jorat, die für die Pilger früher nicht ganz ungefährlich waren, weil ihnen in dem unübersichtlichen Waldgebiet häufig Räuber auflauerten. Im Süden können Sie bei klarer Sicht die markanten Dents du Midi sehen, eine mehr als 3.000 m hohe Gebirgskette, die schon weit hinter dem Genfer See liegt. Über Ussières, einem kleinen, nur aus wenigen Häusern bestehenden Weiler, erreichen Sie dann **Montpreveyres** ①.

☺ *Unserem Leser Fritz Klenert verdanken wir folgenden Tipp: Ab Montpreveyres gibt es rechter Hand der Nationalstraße einen gelb ausgeschilderten Wanderweg nach Lausanne Tunnel. Die Route verläuft anders als der ausgeschilderte Jakobsweg immer im Grünen u.a. durch ein wunderschönes Natur- und Vogelschutzgebiet bis zum Place de Tunnel am nördlichen Rand der Altstadt von Lausanne. Die Route ist für Naturliebhaber eine willkommene Alternative zum offiziellen Weg, der stellenweise durch unattraktive Vorstadtwohngebiete führt.*

Durch den Bois du Grande Jorat, einem schönen alten Mischwald, gelangen Sie vorbei an der Zufahrt zur ehemaligen Pilgerstation St. Catherine du Jorat in die Vororte von Lausanne. In Epalinges führt der Weg zur malerisch auf einem Hügel thronenden Kapelle St. Laurant, von wo aus Sie einen wunderbaren Blick auf den Genfer See und die dahinter liegenden Berge haben. Von der Kapelle ist es nur noch ein kurzer Weg bis Sie das Ziel dieser Etappe, die Kathedrale im Zentrum von **Lausanne** ② *erreicht haben.*

① Montpreveyres

Der kleine Ort Montpreveyres, an der Straße nach Lausanne liegend, war im Mittelalter eine Station für Pilger. Die am Ortseingang stehende **Kapelle La Cure** ist schon für das 12. Jahrhundert nachgewiesen. Der gegenwärtige Bau stammt aus der Mitte des 18. Jahrhunderts, die Glocke aus dem 15. Jahrhundert. Das neben der Kapelle stehende Gebäude war in früheren Zeiten eine Pilgerherberge.

② Lausanne

ℹ **Lausanne Tourisme**, Av. de Rhodanie 2, 1006 Lausanne,
☎ 021/6137321, 💻 <www.lausanne-tourisme.ch>, 🕒 Mo bis Fr von 8:00

bis 17:00. Weitere TI-Büros in der Haupthalle des SBB-Bahnhofs (täglich von 9:00 bis 19:00) und an der Metrostation Ouchy am Place de la Navigation 4 (täglich von 9:00 bis 18:00 Uhr von April bis September bis 20:00).

- Die **offizielle Internetseite der Stadt Lausanne**, mit vielen Informationen zu Kultur, Geschichte, Wirtschaft und vielem mehr finden Sie unter <www.lausanne.ch>.

Reich verziertes Westportal der Kathedrale in Lausanne

In Lausanne können Sie zwischen 56 Hotels aller Kategorien und Preisklassen mit insgesamt über 5.000 Betten wählen. Im Folgenden finden Sie eine kleine Auswahl:

- **Beau-Rivage Palace**, Place Port 17-19, 1006 Lausanne, ☏ 021/6133333, <www.brp.ch>, 340 Betten, ab SFr 230. Das traditionsreiche, Mitte des 19. Jahrhunderts erbaute 5-Sterne-Hotel gehört zu den Spitzenhotels Lausannes. Es liegt direkt am Genfer See.
- **Hotel du Marché**, Rue Pré-du-Marché 42, 1004 Lausanne, ☏ 021/6479900, 55 Betten, ab SFr 55. Das pilgerfreundliche einfache Hotel liegt im Stadtzentrum.
- **Hotel Régina**, Rue Grand Saint-Jean, 1003 Lausanne, ☏ 021/3202441, <www.hotel-regina.ch>, 53 Betten, ab SFr 80. Das Hotel liegt in einer ruhigen Fußgängerzone mitten im Stadtzentrum nur unweit von der Kathedrale.
- **Lausanne Guesthouse & Backpacker**, Epinettes 4, 1007 Lausanne, ☏ 021/6018000, <www.lausanne-guesthouse.ch>, 80 Betten, ab SFr 29 (ohne Frühstück). Die preiswerte Unterkunft liegt nur zwei Gehminuten vom Hauptbahnhof entfernt.

Jugendherberge Lausanne Jeunotel, Chemin du Bois-de-Vaux 36, 1007 Lausanne, ☏ 021/6260222, <lausanne@youthhostel.ch>, 245 Betten, ab SFr 31. Die Jugendherberge liegt ruhig in einer Parklandschaft in Seenähe im Ortsteil Vidy.

B&B bei Alexandre Gay, Place de la Paly, 1003 Lausanne, ☏ 021/3117077. Das sehr große Zimmer (2 Betten/SFr 67 pro Person) liegt in einem schönen Altbau in der Altstadt.

In Lausanne erreichen Sie den in einer Höhe von 373 m liegenden **Genfer See**. Der See bildet mit 90 Trillionen Litern das größte Süßwasserreservoir Westeuropas. Eigentlich ist das 581 km^2 große Gewässer nichts weiter als eine riesige Erweiterung der Rhône, die am Furkapass entspringt, sich bei Villeneuve zum See erweitert, ihn 73 km weiter in Genf wieder verlässt und schließlich nahe Marseille ins Mittelmeer mündet. Obwohl der See nur eine Breite von maximal 14 km hat, bringt er es dennoch auf eine beachtliche Tiefe von über 300 m.

Die Ufer des Sees werden von malerischen Ortschaften mit vielen historischen Schlössern gesäumt, die in romantische Weinberge eingebettet sind. Viele Orte entlang des Sees sind weltweit bekannt und gehören zu den besten internationalen Adressen wie z.B. Montreux, Vevey und natürlich auch Lausanne selbst.

Daß der See schon immer eine große Rolle für die an ihm und von ihm lebenden Menschen gespielt hat, zeigen auch die zahlreichen unterschiedlichen Namen, die er im Laufe der Jahrhunderte hatte. Die Römer nannten ihn Lacus Lemanus. Im Mittelalter wurde er Lac de Lausanne oder auch Lac d'Ouchy genannt. Als dann später der Einfluss Genfs immer größer wurde, nannte man ihn Lac de Genève. Der heutige Name geht wieder auf die ursprüngliche römische Bezeichnung zurück. Der See heißt wieder wie vor 2.000 Jahren Lac Léman, allerdings nur im französischen Sprachraum. Im deutschen heißt er immer noch Genfer See, und die Engländer nennen ihn ebenfalls Lake Geneva.

Lausanne ist mit 125.000 Einwohnern die fünftgrößte Stadt der Schweiz. Landschaftlich sehr schön auf fünf Hügeln an den Ufern des Genfer Sees gelegen, ist Lausanne heute eine moderne Geschäfts- und Kulturstadt mit reichem historischen Erbe. Bereits in römischer Zeit lebten Händler und Fischer im heutigen Vidy am Ufer des Genfer Sees in einer Siedlung, die Lousonna genannt wurde. Ab dem 4. Jahrhundert verlagerte sich der Siedlungsschwerpunkt mehr und mehr in das Gebiet der heutigen Altstadt. Gleichzeitig wuchs die Bedeutung der Stadt. Im 12. Jahrhundert erfolgte der Bau der berühmten Kathedrale, Lausanne war nun geistliches Zentrum. Nach der Reformation gehörte die Stadt zunächst zu Bern, wurde dann eine Republik und ist heute die Hauptstadt des Kantons Waadt.

Sehenswürdigkeiten hat die attraktive Stadt eine Menge zu bieten. Neben dem gesamten Stadtbild muss als erstes natürlich die imposante **Kathedrale Notre Dame** genannt werden, die als edelstes Bauwerk der Schweizer Frühgotik gilt. Mit dem Bau der Kathedrale wurde 1170 begonnen, 1275 wurde sie von Papst Gregor X. im Beisein von König Rudolf von Habsburg und vielen weiteren kirchlichen und weltlichen Würdenträgern geweiht. Nach einer alten Sitte ruft vom Glockenstuhl des Mittelturms zwischen 22:00 und 2:00 ein Wächter (le guet) die Stunden aus. Im ehemaligen **Bischofspalast** nahe der Kathedrale ist heute das **historische Museum** von Lausanne untergebracht.

Di bis So von 11:00 bis 18:00 Uhr, Do bis 20:00.

Sehenswert ist auch der Sitz der Kantonsregierung im **Château St. Maire**, das Anfang des 15. Jahrhunderts erbaut wurde. Das Gebäude ist mit historisch wertvollen Wandmalereien aus dem 15. und 16. Jahrhundert verziert.

Am Place de la Riponne liegt das **Palais de Rumine**. Der Neurenaissancebau vom Ende des 19. Jahrhunderts beherbergt neben der Uni verschiedene Museen wie z.B. das **Geologie**- und **Zoologiemuseum**.

Di bis So von 11:00 bis 18:00.

Stadtregierung und-parlament sitzen im **Hôtel de Ville** (Rathaus), einem eindrucksvollen Renaissancebau aus dem 17. Jahrhundert.

Der Verkehrsmittelpunkt der Stadt mit zahlreichen Geschäfts- und Bankhäusern ist der **Place St. Francoise**. Den Platz beherrscht die gleichnamige gotische Kirche, die der Rest eines im Mittelalter bedeutenden Franziskanerklosters ist. Teile der Kirche stammen aus dem 13. Jahrhundert, der Glockenturm aus der Zeit um 1400. Von den mittelalterlichen Wehranlagen ist noch der **Tour de l'Ale** erhalten geblieben. Der Wachturm stammt aus dem Jahre 1340. Noch älter sind die **römischen Ruinen**, die Sie in Vidy besichtigen können.

Lausanne gilt weltweit als Hauptstadt des Sports. Nachdem Baron Pierre de Coubertin 1915 Lausanne zum Sitz des Internationalen Olympischen Komitees (IOK) erklärte, siedelten sich hier mehr und mehr internationale Sportverbände an.

Seit 1994 ist Lausanne Olympische Hauptstadt. Besucher, die sich für Sport interessieren, sollten auf keinen Fall einen Besuch des **Olympischen Museums** Lausanne versäumen. Im 1993 neu eröffneten Museum erfahren Sie viele interessante Dinge über die olympische Bewegung vom antiken Griechenland bis in die moderne Zeit. Das Museum ist weltweit das größte Informationszentrum über die Olympische Bewegung.

Olympic Museum, Quai d'Ouchy, 1001 Lausanne, 021/6216511, <www.olympic.org>, täglich von 9:00 bis 18:00, von Oktober bis Ende April Mo geschlossen.

Ein Erlebnis besonderer Art ist eine **Schifffahrt auf dem Genfer See**. Die CGN (Compagnie Générale de Navigation sur le Lac Léman) ist für die Personenschifffahrt auf dem See zuständig. Die Gesellschaft besitzt die weltweit größte Flotte an alten Schiffen aus der Zeit der Belle-Epoque. Die schönen Schiffe verbinden jeden größeren Ort auf schweizer und französischer Seite des Sees miteinander. In Lausanne fahren sie ab Anleger Ouchy.

im Internet unter <www.cgn.ch> oder 021/6146222. Information auch am Anleger und auf den Schiffen.

16. Von Lausanne nach Rolle

ca. 7 Std.

Lausanne	495 m
Morges	374 m
St. Prex	392 m
Rolle	376 m

Die letzten Etappen des Jakobsweges von Lausanne bis nach Genf verlaufen entlang des Genfer Sees in einer landschaftlich reizvollen Lage. Geprägt ist diese Region, die als La Côte bezeichnet wird, von kleinen Dörfern und Städtchen mit zahlreichen historischen Schlössern, die eingebettet in Weinberge malerisch an den Hängen des Jura liegen.

Nicht alle Pilger im Mittelalter legten sämtliche Strecken auf eigenen Füßen zurück. Die wohlhabenden Reisenden bedienten sich zum Teil auch anderer Fortbewegungsmittel. Besonders die Strecke zwischen Lausanne und Genf wurde damals von vielen mit dem Schiff zurückgelegt. Dies steht natürlich auch

Blumenpracht am Genfer Seee

den modernen Pilgern frei. Zwischen den beiden Orten verkehren die Schiffe der CGN (siehe voriges Kapitel). Folgende Anlegestellen zwischen den beiden Orten werden von den Schiffen der Gesellschaft angesteuert: Lausanne-Ouchy, St. Sulpice, Morges, St. Prex, Rolle, Nyon, Céligny, Coppet, Versoix, Bellevue, Genf. Die Fahrt von Lausanne bis Genf dauert etwa 3 ½ Stunden und kostet in der 2. Klasse ca. SFr 35.

Ein Straßenkünstler als lebende Statue in einem Park am See

Wer sich für den Fußweg entscheidet, verlässt Lausanne über den Ortsteil Vidy, wo das Seeufer erreicht wird. Auf einem schönen Uferweg entlang des Genfer Sees geht es über den Lausanner Vorort St. Sulpice mit der aus dem 11. Jahrhundert stammenden

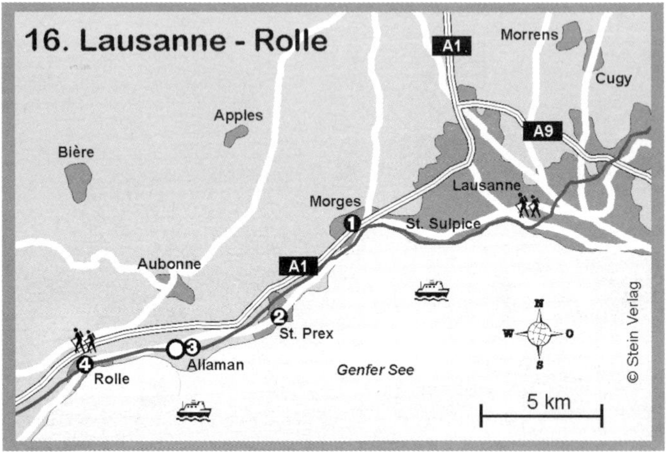

*romanischen Klosterkirche bis nach **Morges** ①. Hinter Morges verlassen Sie das Seeufer und wandern bis nach **St. Prex** ②. Über Buchillon erreichen Sie den kleinen Ort **Allaman** ③ mit seinem in den Weinbergen liegendem Schloss. Durch Rebberge geht es weiter über Perroy mit der Kirche St. Marie und dem Weingut Château de Perroy bis nach **Rolle** ④.*

① Morges

🛈 **Office du Tourisme**, Rue du Château, 1110 Morges, ☏ 021/8013233, 💻 <www.morges.ch>.

🛏 **Hôtel de la Couronne**, Grand-Rue 88, 1110 Morges, ☏ 021/8014040, 32 Betten, ab SFr 79. Das historische Gasthaus liegt im Zentrum der Altstadt in einer Fußgängerzone.

Die 13.000 Einwohner zählende Gemeinde Morges bietet eine malerische Altstadt mit prächtigen Bürgerhäusern aus dem 18. Jahrhundert. Wer mittwochs oder samstags in der Stadt weilt, sollte sich den lebhaften **Markt** in der Grand Rue nicht entgehen lassen. Zu den sehenswerten Gebäuden gehört die Pfarrkirche aus dem Jahre 1769, an die sich ein herrlicher Park anschließt, das im 16. Jahrhundert errichtete **Rathaus** sowie das **Schloss**.

Mittelalterliches Gebäude in Allaman (☞ nächste Seite)

Die 1268 von Louis von Savoyen erbaute Burg, die früher Sitz der Berner Landvögte war, beherbergt heute das **Waadtländische Militärmuseum**, das **Artilleriemuseum** und das **Schweizer Zinnfigurenmuseum**. Die Burg ist mit ihren imposanten vier Ecktürmen und dem geschlossenen Hof typisch für die Gegend.

Museen: Di bis Fr von 10:00 bis 12:00 und 13:30 bis 17:00, Sa und So von 13:30 bis 17:00, Juli und August Di bis So von 10:00 bis 17:00, ☏ 021/8012647.

Wer sich für Silberwaren, Puppen und Spielzeug, Glas und Porzellan sowie Möbel der Gotik und Renaissance interessiert, sollte einen Blick in das **Alexis Forel Museum** in der Grand Rue werfen.

Di bis So von 14:00 bis 17:30 Uhr, ☏ 021/8012647.

② St. Prex

Saint-Prex Tourisme, Place de l'Horloge, 1162 St. Prex, ☏ 021/8005026, 🖳 <www.saint-prex.ch>.

B&B Anne Carol, Route de Lussy 30, 1162 St. Prex, ☏ 021/8061381, ab SFr 45.

Der kleine Ort liegt landschaftlich schön auf einer in den See ragenden Landzunge. Sehenswert ist neben dem Schloss und dem Gesamtbild des Ortes vor allem das **Stadttor**, das in dieser Form im Kanton Waadt einzigartig ist.

③ Allaman

Das im 14. Jahrhundert errichtete **Schloss** unterscheidet sich von den anderen Burgen der Umgebung, weil es nicht als Wehrburg angelegt wurde, sondern als Herrschaftssitz, der nicht der Verteidigung diente.

Heute ist das Schloss ein privates Weingut, dessen Weinberge sich auf über 15 ha erstrecken. Angebaut werden vor allem die roten Rebsorten Pinot Noir und Gamay.

④ Rolle

ℹ **Office du Tourisme**, Grand Rue, 1180 Rolle, ☏ 021/8251535, 💻 <www.rolle.ch>.

🛏 **Hôtel de la Tête Noir**, Grand Rue 94, 1180 Rolle, ☏ 021/8252251. Das Hotel liegt an der Straße Lausanne - Genf in unmittelbarer Seenähe.

♦ **Hostellerie du Château**, Grand Rue 16, 1180 Rolle, ☏ 021/8223262. Das Hotel mit schöner Terrasse und Seeblick liegt in der Nähe des Schlosses.

Rolle ist vor allem wegen des aus der zweiten Hälfte des 13. Jahrhundert stammenden, von den Savoyern erbauten **Château de Rolle** interessant. Das unmittelbar am Genfer See liegende Schloss zeigt die für diese Gegend und Zeit typische Architektur mit vier Türmen. In der Anlage, die im Laufe ihrer Geschichte vielfach den Besitzer wechselte, sind heute Verwaltungsdienststellen untergebracht.

Die Grafen von Savoyen waren es auch, die die Stadt Rolle gründeten. Anfang des 14. Jahrhunderts legten Sie in der Nähe der Burg eine Siedlung an, aus der im Laufe der Zeit die heute 3.500 Einwohner zählende Gemeinde Rolle hervorging.

Neben dem Schloss ist noch eine kleine Insel im Hafen bemerkenswert, auf der ein Obelisk an den Waadtländer Revolutionär und Freiheitskämpfer **Frédéric César de la Harpe** erinnert.

Er war maßgeblich an der Befreiung des Waadtlandes von der Berner Herrschaft Ende des 18. Jahrhunderts beteiligt.

Das Schloß in Rolle liegt direkt am Genfer See

17. Von Rolle nach Nyon

⌛ ca. 3 ½ Std.

Rolle	376 m	Bus, Bahn, Schiff, Restaurant, Information
Bursinel	390 m	Bus, Bahn, Restaurant, Information
Gland	408 m	Bus, Bahn, Restaurant, Information
Prangins	391 m	Bus, Bahn, Unterkunft, Restaurant, Information
Nyon	403 m	Bus, Bahn, Unterkunft, Restaurant, Information

*Wegen der viel befahrenen Seeuferstraße geht es von Rolle aus in einiger Entfernung vom See zunächst bis zum Bahnhof von **Bursinel** ①. Über die am Hang liegende Streusiedlung Dully mit dem mittelalterlichen Schloss, das Ende des 19. Jahrhunderts grundlegend renoviert wurde, erreichen Sie **Gland** ② und schließ-*

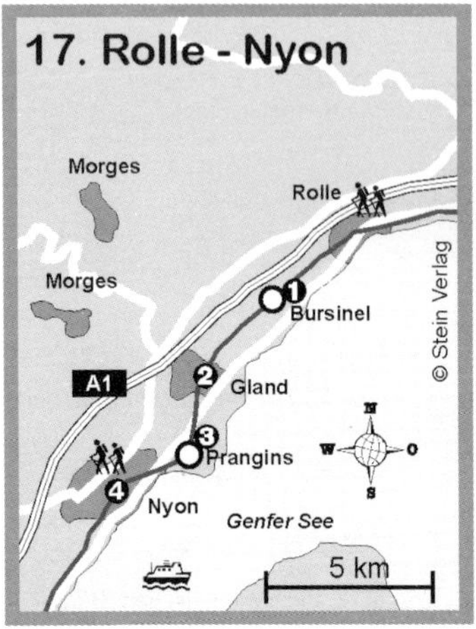

*lich **Prangins** ③. Nur etwa 30 Minuten später erreichen Sie **Nyon** ④, dessen Stadtbild vom Schloss beherrscht wird.*

① Bursinel

Die kleine, 1139 erstmals als Brucines erwähnte Gemeinde Bursinel hat heute 350 Einwohner. Markantestes Bauwerk ist das aus der Mitte des 12. Jahrhunderts stammende **Château de Bursinel**. Das in Privatbesitz befindliche Schloss erhielt durch Erweiterungs- und Umbauten im 16. und 18. Jahrhundert seine heutige Form. Das Schloss spielte während der Reformation eine gewisse Rolle, da von hier eine Verschwörung gegen Genf ausging.

② Gland

🛏 **Hôtel de la Plage**, Chemin de la Falaise 3, 1196 Gland, ☏ 022/3641035, 20 Betten, ab SFr 60. Das Hotel liegt in einer ruhigen Straße dicht am Genfer See.

Gland ist eine moderne Stadt mit vielen Unternehmen, Banken und Handwerksbetrieben, die in den letzten Jahrzehnten ein enormes Wachstum zu verzeichnen hatte und sich zu einem wirtschaftlichen Zentrum entwickelt hat. Während vor 40 Jahren gerade einmal 1.500 Menschen im Ort wohnten, sind es heute schon mehr als 10.000. Fast 600 verschiedene Unternehmen haben ihren Sitz in dem Ort, darunter befinden sich die Zentrale vom WWF (World Wide Fund for Nature) und vom IUCN (International Union for the Conservation of Nature).

③ Prangins

ℹ im Internet unter 💻 <www.prangins.ch>.

🛏 **Hôtel la Barcarolle**, Route de Promenthoux, 1197 Prangins, ☏ 022/3657878, 💻 <www.labarcarolle.ch>, 78 Betten, ab SFr 145. Das exklusive Hotel liegt in bevorzugter Lage direkt am Genfer See.

♦ **Auberge Communale de Prangins**, Route de Bénex, 1197 Prangins, ☎ 022/3612575, 13 Betten, ab SFr 45 (kein Frühstück). Die Unterkunft liegt nur wenige hundert Meter oberhalb des Schlosses.

Prangins nur als Vorort von Nyon zu bezeichnen, würde dem kleinen idyllischen Städtchen nicht gerecht werden. Neben dem großen Sportboothafen für mehr als 400 Sportboote hat der Ort vor allem das aus dem 18. Jahrhundert stammende **Château de Prangins** zu bieten. Das Schloss, in dem auch für kurze Zeit Voltaire lebte, beherbergt heute das **Schweizerische Landesmuseum Schloss Prangins**, in dem über die Geschichte der Schweiz des 18. und 19. Jahrhunderts berichtet wird.

Musée Swiss Château de Prangins, 1197 Prangins, ☎ 022/9948890, <www.musee-suisse.ch>, ganzjährig Di bis So von 10:00 bis 17:00.

Sehenswert ist auch der weitläufige **Schlosspark**, der im englischen Stil angelegt wurde und daneben alte Frucht- und Gemüsesorten des 18. Jahrhunderts zeigt.

④ Nyon

Office du Tourisme de Nyon, Avenue Viollier 7, 1260 Nyon, ☎ 022/3616261, <www.nyon.ch>.

Hôtel Beau-Rivage, Rue de Rive 49, 1260 Nyon, ☎ 022/3654141, <www.hotel-beau-rivage-nyon.ch>, 100 Betten, ab SFr 120. Das 4-Sterne-Hotel liegt in bester Lage direkt am Genfer See.

♦ **Hostellerie du XVI^2 Siècle**, Place du Marché 2, 1260 Nyon, ☎ 022/9948800, 36 Betten, ab SFr 50. Die sehenswerte Herberge liegt in der Altstadt nicht weit vom Schloss entfernt.

Die 13.000 Einwohner zählende Gemeinde hat einen attraktiven **mittelalterlichen Stadtkern**, der von dem aus dem 12. Jahrhundert stammenden **Château de Nyon** beherrscht wird.

Schon in vorrömischer Zeit hatte es hier eine Siedlung gegeben, die Noviodunum genannt wurde. Nach dem Sieg Julius Cäsars über die Helvetier gründete er hier eine römische Garnisonsstadt, die Colonia Julia Equestris. Die Stadt wuchs und hatte zeitweise über 3.000 Einwohner. Im 5. Jahrhundert zur Zeit der Burgunderinvasionen wurde sie dem Königreich Burgund einverleibt und zerfiel

Das Château von Nyon liegt hoch über der Stadt

zusehends. Erst ab dem 11. Jahrhundert erfolgte ein allmählicher Wiederaufbau und die Stadt wuchs zu ihrer heutigen Blüte heran.

Das mächtige Schloss, das im 16. Jahrhundert grundlegend umgebaut wurde, beherbergt heute ein **Museum**. Gezeigt wird neben anderen Kunstgegenständen vor allem Porzellan aus der Region.

Musée Historique, Place du Chateua, 1260 Nyon, ☏ 022/3515888, zwischen April und Oktober täglich von 10:00 bis 12:00 und 14:00 bis 18:00.

Ein weiteres hochinteressantes Museum ist das **Musée du Léman**, in dem Sie sich u.a. über die Tierwelt des Sees informieren können.

Musée du Léman, Quai Louis-Bonnard, 1260 Nyon ☏ 022/3515888, zwischen April und Oktober täglich von 10:00 bis 12:00 und 14:00 bis 18:00, von November bis März Di bis Sa von 14:00 bis 17:00, So von 10:00 bis 17:00.

Sehenswert ist auch die kleine, aus dem 12. Jahrhundert stammende Kirche **Notre-Dame**. Aus römischer Zeit sind noch die Ruinen des **Amphitheaters** erhalten, die etwas unscheinbar versteckt zwischen modernen Wohngebäuden liegen.

Das Hotel Relais de Céligny (☞ nächste Seite) direkt am Genfer See

Darüber hinaus bietet die Stadt aber auch ein weit über die Grenzen der Schweiz hinaus bekanntes kulturelles Ereignis: Alljährlich findet im Ort eines der größten Musikfestivals der Welt statt, das **Paléo Rock Festival**. Jeweils im Juli präsentieren sich hier für eine Woche die großen Stars der Musikszene.

i Paléo Festival Nyon, Route de Saint-Cergue 312, 1260 Nyon, ☏ 022/3651010, <www.paleo.ch>.

18. Von Nyon nach Coppet

⌛ ca. 3 Std.

Nyon 403 m

Commugny 411 m

Coppet 380 m

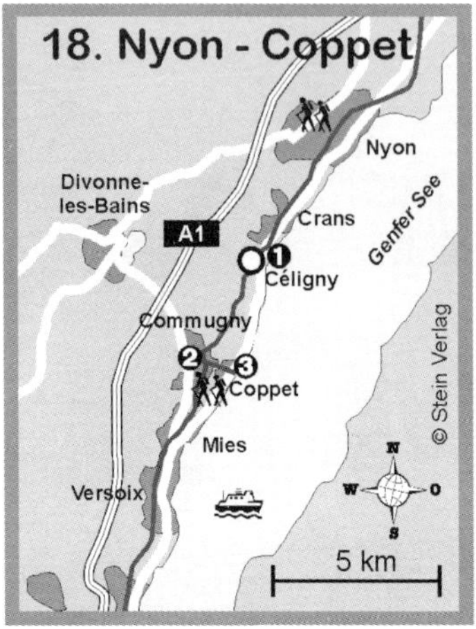

*Von Nyon wandern Sie über Crans durch die zum Kanton Genf gehörende Enklave **Céligny** ① nach Founex. Von dort geht es dann weiter bis nach **Commugny** ②, von wo es nur noch ein kurzer Abstecher ins mittelalterliche Städtchen **Coppet** ③ ist.*

① Céligny

🛏 **Relais de Céligny**, Chemin du Port 32, 1298 Céligny, ☎ 022/7766061, 24 Betten, ab SFr 90. Das Hotel liegt in schöner Lage unmittelbar am Genfer See, etwas abseits des Ortes.

B&B La Coudre, Route des Coudres 200, 1298 Céligny, ☎ 022/9608360.

In der Genfer Enklave liegt mit dem Château de Céligny eines der schönsten Schlösser der Region. Das aus der Mitte des 18. Jahrhunderts stammende spätbarocke Gebäude ist von einer hufeisenförmigen Anlage eingerahmt.

② Commugny

🛏 **Hostellerie Guillaume Tell**, Route de Divonne, 1291 Commugny, ☎ 022/7761167, 16 Betten, ab SFr 45.

Die 2.500 Einwohner zählende Gemeinde Commugny bietet sich als letzte Übernachtungsstation vor Genf an. Auf dem Gebiet der Gemeinde liegt eine aus dem 1. Jahrhundert stammende römische Villa, deren Wände mit zahlreichen, für die Schweiz einzigartigen Malereien geschmückt sind.

Wer noch Lust auf einen kurzen Abstecher hat, sollte sich in das mittelalterliche Städtchen Coppet aufmachen, wo man ebenfalls übernachten kann.

③ Coppet

🛏 **Hôtel d'Orange**, Grand Rue 61, 1296 Coppet, ☎ 022/7761037, 22 Betten, ab SFr 60. Das Hotel liegt an der ufernahen Kantonalstraße nach Genf.

Coppet, direkt am Genfer See gelegen, hat heute knapp 2.000 Einwohner. Bereits in der Bronzezeit war der Ort besiedelt, und auch die Römer ließen sich hier nieder, was die Überreste einer römischen Villa beweisen. Sehenswert ist neben dem mittelalterlichen Stadtbild u.a. das im 13. Jahrhundert gebaute **Château de Coppet**. In der Mitte des 17. Jahrhunderts wurde das Gebäude zu einem unbefestigten Wohnsitz umgebaut.

Hier lebte die berühmte Schriftstellerin Germaine de Staël, die während des französischen Kaiserreiches im Schloss viele berühmte Gäste beherbergte und damit Coppet zu einem Ort mit internationalem Flair machte.

Die mehrfach restaurierte reformierte Kirche stammt vom Anfang des 16. Jahrhunderts.

19. Von Coppet nach Genf

⌛ ca. 4 ½ Std.

Coppet	380 m
Mies	394 m
Genf	375 m

Von Coppet könnten Sie auch entlang der Seeuferstraße bis nach Genf wandern. Allerdings ist die Straße sehr stark befahren, so dass es besser ist, wieder zurück nach Commugny zu gehen und die weniger frequentierten Straßen und Wege etwas abseits der Uferstraße zu benutzen.

Von Commugny aus erreichen Sie über die Gemeinde ***Mies*** *① die Kantonsgrenze. Zunächst noch unbemerkt macht sich nun mehr und mehr französischer Einfluss geltend, so dass man den Eindruck gewinnt, man befände sich bereits in Frankreich.*

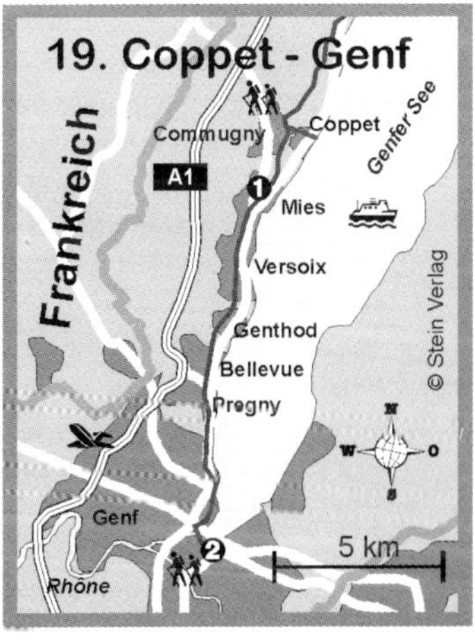

Kurz hinter der Kantonsgrenze erreichen Sie Versoix und gelangen weiter über Genthod mit seinem gleichnamigen Schloss nach Chambésy in die Vororte Genfs. Am Botanischen Garten entlang erreichen Sie das Zentrum von ***Genf*** *②.*

☺ *Wer von Genf aus weiter nach Frankreich will, quert die Rhône über die sehenswerte Pont de la Tour de l'Ile, die über eine Insel im Fluss führt. Über Carouge erreichen Sie dann schließlich Frankreich. Vom Zentrum Genfs bis zur Grenze müssen Sie mit etwa 2 ½ Stunden Gehzeit rechnen.*

① Mies

Hôtel de la Couronne, Route du Village 30, 1295 Mies, ☏ 022/7552490, 12 Betten, ab SFr 35. Das historische Hotel liegt oberhalb von Kantonalstraße und Bahn.

Die kleine, 1.500 Einwohner zählende Gemeinde Mies ist der letzte Ort vor der Kantonsgrenze zu Bern. Der französische Einfluss ist hier bereits unübersehbar. Sehenswert ist das vom Anfang des 20. Jahrhunderts stammende **Maison de Commune**, in dem Verwaltungsdienststellen untergebracht sind, sowie das älteste Gebäude der Stadt, das **Hôtel de la Couronne**.

② Genf

Genève Tourisme, Rue du Mont-Blanc 18, 1201 Genf, ☏ 022/9097000, <www.geneve-tourisme.ch>.

Genf bietet mit 130 Hotels, die über 15.000 Betten verfügen für jeden Geschmack und Geldbeutel eine Unterkunftsmöglichkeit. Hier eine kleine Auswahl:

- Von den 15 **5-Sterne-Hotels** sei nur das **Hôtel d'Angleterre** (Quai du Mont-Blanc, 1201 Genf, ☏ 022/9065555, <www.dangleterrehotel.ch>) erwähnt. In dem vornehmen Haus direkt am See kann man ab SFr 500 bis weit über SFr 2.000 eine schöne Nacht verbringen.
- **Hôtel Ermitage**, Rue de la Tour Maîtresse, 1204 Genf, ☏ 022/3103024, <www.hotelhermitage.ch>, 100 Betten, ab SFr 100. Das 3-Sterne-Hotel liegt südlich des Rhôneabflusses in der Nähe des Englischen Gartens.
- **Hôtel Central**, Rue de la Rôtisserie 2, 1204 Genf, ☏ 022/8188100, <www.hotelcentral.ch>, 100 Betten, ab SFr 40. Das Hotel, in der Altstadt gelegen, bietet preiswerte Unterkunft in einfachen, sauberen Zimmern.

♦ **City Hostel Geneva**, Rue Ferrier 2, 1202 Genf, ☎ 022/9011500, 💻 <www.cityhostel.ch>, 48 Betten, ab SFr 28 ohne Frühstück. Unterkunft in zweckmäßig eingerichteten Zimmern mit Etagenduschen und -toiletten. Die Nichtraucherunterkunft liegt nur 5 Minuten vom Hauptbahnhof.

Auberge de Jeunesse Genève, Rue Rothschild 28-30, 1202 Genf, ☎ 022/7326260, 💻 <www.yh-geneva.ch>, 350 Betten, ab SFr 25 inkl. Frühstück. Die Herberge liegt im Zentrum nicht weit vom Bahnhof und See.

♦ Darüber hinaus gibt es neben privaten Anbietern noch weitere, die preiswerte Übernachtungsmöglichkeiten für jung gebliebene Leute anbieten, wie z.B. die Kirchen. Detaillierte Informationen bei Genève Tourisme.

Genf ist mit 180.000 Einwohnern die zweitgrößte Stadt der Schweiz und Hauptort des gleichnamigen Kantons. Die Stadt liegt wunderschön eingebettet zwischen Jura und Alpen am Abfluss der Rhône aus dem Genfer See. Ihre geographische Lage macht sie zum Zentrum Westeuropas. Paris und Mailand sind nur eine Flugstunde entfernt, London oder Madrid weniger als zwei. Mit der Universität, deren Vorläufer 1559 vom Reformator Calvin gegründet wurde, dem angesehenen Forschungslabor für Teilchenphysik CERN, den Zentralen zahlreicher weltweiter Organisationen und den weit über die Landesgrenzen hinaus bekannten traditionsreichen Fachmessen ist die Stadt zu einer internationalen Drehscheibe geworden. Das macht sich auch bei der Bevölkerung bemerkbar. Gut 40 % der Genfer sind Ausländer, die aus etwa 180 verschiedenen Nationen kommen.

Wie archäologische Funde zeigen, war die Gegend um Genf bereits vor mehr als 3.000 Jahren besiedelt. Das erste mal wird Genf als Genua in Julius Caesars Bericht, Bello Gallica, zum Gallischen Krieg erwähnt. 58. v.Chr. zerstörten seine Legionen eine Brücke über die Rhône und hielten damit den Vormarsch der Gallier auf. Mitte des 5. Jahrhundert, Roms Macht war inzwischen verfallen, wurde Genf Hauptstadt des Burgunderreiches. Anschließend fiel der Ort zunächst an die Merowinger und anschließend an die Karolinger, bis er 1032 dem Heiligen Römischen Reich deutscher Nation einverleibt wurde. Statthalter des Deutschen Kaisers wurde der Bischof von Genf.

Ende des 14. Jahrhunderts wird die Stadt selbstständig und schließt sich gut 100 Jahre später mit Bern und Freiburg zu einem Städtebund zusammen. 1602

Die besten Hotels liegen in Genf am Ufer der Rhône

scheitert der Versuch des Herzogs von Savoyen, die Stadt zu erobern. Noch heute feiern die Genfer dieses Ereignis mit einem großen Fest (Escalade).

Im Jahre 1798 wird Genf von Frankreich besetzt, erhält aber schon 1813 seine Unabhängigkeit wieder. Zwei Jahre später tritt Genf der Eidgenossenschaft bei. Nach heftigen Unruhen wird 1847 die noch heute gültige Verfassung verabschiedet.

Was einst technische Notwendigkeit gewesen, hat sich im Laufe der Zeit zum **Wahrzeichen** der Stadt Genf entwickelt: die schon von weitem sichtbare Fontäne **Jet d'Eau** am Abfluss der Rhône aus dem See. Ende des 19. Jahrhunderts wurde von einer Firma Wasser über Rohrleitungen zu den Handwerkern gepumpt, die damit ihre Maschinen antrieben. Nach Feierabend ließ der Bedarf dann stark nach. Um Überdruck im Rohrnetz zu vermeiden, war es für die Firma das einfachste, ein Ventil zu öffnen, aus dem dann das Wasser in die Höhe schoss. Nur wenige Jahre später, die Fontäne war schon zu einer lokalen Attraktion geworden, beschloss der Rat der Stadt Genf, die Fontäne zu übernehmen. Heute wird der

Wasserstrahl von zwei leistungsstarken Pumpen erzeugt, die pro Sekunde einen halben Kubikmeter Wasser in eine Höhe von 140 m schießen und die Fontäne damit zur höchsten in Europa machen. Das Wasser verlässt die Düsen mit einer Geschwindigkeit von mehr als 200 km/h.

Darüber hinaus hat Genf aber noch eine Menge mehr Sehenswertes zu bieten: In der Altstadt ist das markanteste Bauwerk die aus dem 12. Jahrhundert stammende **Kathedrale St. Pierre**, die aus einer Mixtur unterschiedlicher Baustile besteht. Mit dem Bau der dreischiffigen Basilika wurde 1160 begonnen. Die gotische **Makkabäerkapelle** kam Mitte des 15. Jahrhunderts dazu. 1752 wurde der Westfront ein neoklassischer Säulengang angefügt, und im 19. Jahrhundert kam der grüne Kirchturm hinzu. Das gesamte Bauwerk wirkt ein wenig kurios und hinterlässt nicht den Eindruck einer architektonisch durchdachten Planung. Ein Blick in das Innere entschädigt dann aber den Besucher. In der Basilika ist besonders der reiche Skulpturenschmuck an den Kapitellen zu beachten. Die Makkabäerkapelle, die in ihrer Geschichte auch als Lager und Vortragssaal genutzt wurde, ist reich verziert.

Blick auf die Rhône

☺ Von Juni bis September finden von 18:00 bis 19:00 täglich Orgelkonzerte statt.

Neben der Kathedrale steht das **Calvin Auditorium**, eine schlichte gotische Kapelle. Im 16. Jahrhundert war die Kapelle Treffpunkt von Reformern und Reformierten aus vielen Ländern Europas. Hier haben Calvin, der Gründer der Reformierten Kirche, und sein Nachfolger Bèze ihre theologischen Lehren verbreitet. Und hier hat Calvin seine Akademie gegründet, den Vorgänger der heutigen Universität. Noch heute werden in der Kapelle protestantische Gottesdienste gehalten.

Die älteste Kirche Genfs ist **St. Germain**. Sie wurde im 13. Jahrhundert an der Stelle eines alten Heiligtums gebaut. In der Vergangenheit diente sie nicht nur als Gotteshaus. Sie wurde auch als Fleischerei, zum Gießen von Kanonen und als Waffenlager missbraucht.

Sehenswert ist das aus dem 16. Jahrhundert stammende **Rathaus** (Hôtel de Ville). Der gewaltige Renaissancebau ist Sitz der Kantonsregierung. Die stufenlose Rampe im Innenhof führt in die oberen Stockwerke. Über die Rampe konnten die Ratsherren früher ohne vom Pferd zu steigen in ihre Büros gelangen. Im Rathaus wurden wichtige weltpolitische Entscheidungen getroffen. So wurde hier z.B. 1864 die erste Genfer Konvention unterzeichnet, die als Geburtsstunde des internationalen Roten Kreuzes gilt. Am 15. November 1920 wurde hier die erste Zusammenkunft der Vereinten Nationen abgehalten.

Gegenüber steht das **Alte Arsenal**, ein Gebäude aus dem frühen 17. Jahrhundert. Das Gebäude war ursprünglich als Kornspeicher vorgesehen, wurde dann aber als Waffenlager genutzt. Heute dient es dem Staatsarchiv zu friedlichen Zwecken. In der Sammlung befinden sich u.a. wertvolle Pergamente aus dem 14. Jahrhundert sowie zahlreiche Handschriften von Calvin. Die dekorativen Kanonen sind die letzten, die aus früheren Jahrhunderten noch erhalten sind. Die meisten wurden von Napoleon beschlagnahmt, den Rest nahmen die Österreicher mit, als sie Genf 1813 befreiten. 110 Jahre später gaben sie die fünf hier aufgestellten Kanonen wieder zurück. Die schönen Mosaike an der Rückwand zeigen Szenen aus der Stadtgeschichte.

Bei einem Stadtbummel sollte ein Gang durch die schmale **Grand Rue** nicht versäumt werden. Hier finden Sie schöne Bürgerhäuser aus dem 15. bis 18. Jahrhundert. Besonderes Interesse verdient das Haus Nr. 40, in dem am 28. Juni

1712 der Philosoph und Schriftsteller Jean-Jacques Rousseau als Sohn eines Uhrmachers geboren wurde.

Das Genfer Opernhaus **Grand Théâtre** liegt ganz in der Nähe am Place Neuve. Es wurde am 4. Oktober 1879 mit der Oper Wilhelm Tell von Rossini eingeweiht. 1951 brannte das Opernhaus bis auf das Foyer und die Fassade vollständig ab. Erst 11 Jahre später waren die Restaurierungsarbeiten abgeschlossen, und das Haus konnte erneut eröffnet werden. Am gleichen Platz befindet sich auch das **Musikkonservatorium** und das **Musée Rath**, das 1824 im griechischen Stil mit 6 Korinthischen Säulen errichtet wurde. Die Mitte des Platzes wird vom wuchtigen Denkmal des Schweizer Generals Dufour eingenommen, der im schweizerischen Sonderbundskrieg erfolgreich war.

Vom Place Neuve ist es nur ein Katzensprung zur **Pont de la Tour l'Ille**. Bis ins 19. Jahrhundert hinein war hier die einzige Brücke über die Rhône. Auf der Insel sind noch die Reste einer Burg aus dem frühen 13. Jahrhundert zu sehen.

Genf ist auch die Hauptstadt der **Museen**. Fast 30 Museen buhlen um die Gunst der Besucher. Darunter ein Uhrenmuseum, Militär-, Telefon-, Auto- oder Briefmarkenmuseum. Natürlich gibt es auch ein Kunstmuseum und ein Naturhistorisches Museum, um nur einige zu nennen.

Abschließend soll noch auf die **Messen** hingewiesen werden, die im Ausstellungs- und Kongresszentrum **Palexpo** in der Nähe des Flughafens abgehalten werden, ebenso der weltbekannte Genfer Automobilsalon.

Damit sind jetzt einige der wichtigsten touristischen Highlights Genfs genannt. Allerdings soll nicht verschwiegen werden, dass es noch eine Menge mehr in der Stadt und in ihrer Umgebung zu entdecken gibt. Als Fazit kann man sagen, dass Genf sicherlich einer der Höhepunkte des Jakobsweges durch die Schweiz ist und damit auch ein idealer Abschluss der Wanderung auf historischen Wegen.

Index

Alle Bücher aus dem Conrad Stein Verlag

OutdoorHandbücher - Basiswissen für draußen

Band		€
1	Rafting	6,90
2	Mountainbiking	6,90
3	Knoten	6,90
4	Karte Kompaß GPS	7,90
5	Eßbare Wildpflanzen	6,90
6	Skiwandern	6,90
7	Wildniswandern	6,90
8	Kochen 1 aus Rucks. u. Packtasche	6,90
9	Bergwandern	6,90
10	Solo im Kanu	6,90
11	Kanuwandern	7,90
12	Fotografieren	7,90
13	Wetter	6,90
14	Allein im Wald - Survival für Kinder	6,90
15	Wandern mit Kind	6,90
16	Sex-Vorbereitung Technik Varianten	6,90
20	Wüsten-Survival	7,90
21	Angeln	7,90
22	Leben in der Wildnis	7,90
24	Ratgeber rund ums Wohnmobil	7,90
25	Wale beobachten	7,90
30	Spuren & Fährten	7,90
31	Canyoning	7,90
34	Radwandern	7,90
35	Mushing - Hundeschlittenfahren	7,90
36	Gesund unterwegs	6,90
39	Erste Hilfe	7,90
45	Solotrekking	6,90
48	Für Frauen	6,90
58	Fahrtensegeln	7,90
65	Seekajak	6,90
68	Minimal Impact - Outdoor - naturverträglich	6,90
69	Abenteuer Teeniegruppe	6,90
70	Wintertrekking	6,90
72	Schnorcheln und Tauchen	6,90
73	Trekkingreiten	7,90
77	Wohnmobil in USA und Kanada	9,90
86	Regenwaldexpeditionen	7,90
94	Wattwandern	7,90
97	Urlaub auf dem Land	7,90
99	Kochen 2 - für Camper	6,90
100	Ausrüstung 1 - von Kopf bis Fuß	7,90
101	Ausrüstung 2 - für Camp und Küche	7,90
102	Ballonfahren	6,90
103	How to shit in the Woods	7,90
104	Globetrotten	7,90
106	Daumensprung und Jakobsstab	6,90
108	DocHoliday - Taschendoktor für Outdoorer, Traveller und Yachties	6,90
120	Trailfinder - Orientierung <u>ohne</u> Kompaß und GPS	6,90
129	Kochen 3 - für Zeltlager & Freizeiten	7,90
131	Zeltlager und Jugendfreizeiten - Planung und Vorbereitung	7,90
132	Zeltlager und Jugendfreizeiten 2 Durchführung	7,90
143	Trekking mit Hund (04)	7,90

OutdoorHandbücher - Der Weg ist das Ziel

Band		€
17	Schweden: Sarek, Padjelanta, Abisco	12,90
18	Schweden: Kungsleden	12,90
19	Kanada: Yukon - Kanu- und Floß	12,90
23	Spanien: Jakobsweg	12,90
26	Schottland: West Highland Way	12,90
27	John Muir Trail (USA)	10,90
28	Landmannalaugar (Island)	10,90
29	Kanada: West Coast Trail	9,90
32	Polen: Radtouren in Masuren	12,90
33	Trans-Alatau (GUS)	10,90
37	Kanada: Bowron Lakes	10,90
38	Polen: Kanutouren in Masuren	12,90
40	Trans-Korsika - GR 20	12,90
41	Norwegen: Hardangervidda	12,90
42	Nepal: Annapurna	9,90
43	Schottland: Whisky Trail	12,90
44	Tansania: Kilimanjaro	12,90
49	USA: Grand Canyon Trails	10,90
50	Kanada: Banff & Yoho NP	10,90
51	Tasmanien: Overland Track	10,90
52	Neuseeland: Fiordland	10,90
53	Irland: Shannon-Erne	12,90
54	Südafrika: Drakensberge	10,90
55	Spanien: Pyrenäenweg GR 11	12,90
56	Polen: Drawa-Kanutour	9,90
57	Kanada: Great Divide Trails	10,90
59	Kanada: Wood Buffalo NP (Kanu)	9,90
60	Kanada: Chilkoot Trail	10,90
61	Kanada: Rocky Mountains-Radtour	10,90
62	Irland: Kerry Way	10,90
63	Schweden: Dalsland-Kanal	12,90
64	England: Pennine Way	12,90
66	Alaska Highway	12,90
71	N-Spanien: Jakobsweg-Küstenweg	12,90
74	Nordirland: Coastal Ulster Way	10,90
76	Pfälzerwald-Vogesen-Weg	10,90
78	Polen: Pisa-Narew (Kanuroute)	9,90
79	Bolivien: Choro Trail	10,90
80	Peru: Inka Trail u. Region Cusco	12,90
81	Chile: Torres del Paine	12,90
82	Norwegen: Jotunheimen	12,90
83	Neuseeland: Stewart Island	9,90
84	USA: Route 66	10,90
85	Finnland: Bärenrunde	9,90
87	Montblanc-Rundweg - TMB	9,90
88	Griechenland: Trans-Kreta	9,90
89	Schweden: Skåneleden	9,90
90	Mallorca: Serra de Tramuntana	9,90
91	Italien: Trans-Apennin	9,90
92	England: Themse-Ring	9,90
93	Spanien: Sierra Nevada	12,90
95	Norwegen: Nordkap-Route	12,90
96	Polen: Czarna Hancza/Biebrza-Kanu	9,90
98	Wales: Offa's Dyke Path	9,90
107	GR 5: Genfer See - Nizza	12,90
109	Mecklenburgische Seenplatte	9,90
112	Norwegen: Telemark-Kanal	9,90
113	Thüringen: Rennsteig	9,90
114	Alpen: Dreiländerweg (CH-A-I)	9,90
115	Tschechien: Freundschaftsweg	12,90
116	Spanien: Jakobsweg - Via de la Plata	12,90
117	Schweiz: Jakobsweg	12,90
118	Rund Australien	14,90
119	Schwäb. Alb: Hauptwanderweg	12,90
121	Italien: Dolomiten-Rundweg	9,90
122	Schwarzwald-Jura-Weg	9,90
127	Uganda: Ruwenzori-Wanderungen (04)	12,90
128	Frankreich: Jakobsweg v. Le Puy...	12,90
132	Dem Kommissar auf der Spur - ein lit. Reiseführer zu Kriminalschauplätzen.	12,90
133	NRW: Natur und KulTour (per Rad)	12,90
134	Deutschland: Vorpommern Radtour durch die Nationalparks	9,90
135	Deutschland: Schleswig-Holstein Tour	9,90
136	Schweiz: Matterhorn - Tour du Cervin	9,90
137	Belgien: Jakobsweg - Via Mosana	9,90
138	Grönland: Artic Circle Trail	12,90
140	Italien: Alpiner Wanderweg Friaul	12,90
141	N-Spanien: Jakobsweg Nebenstrecken	9,90
142	Bayern: Jakobsweg	12,90
144	Kanada: East Coast Trail	9,90
145	Rund Bornholm - zu Fuß u. p. Rad (05)	9,90
146	Tschechien: Isergebirge	9,90

ReiseHandbücher

Äthiopien	22,90
Antarktis	24,90
Grönland	14,90
Iran	22,90
Kanarische Inseln	14,90
Kiel	9,90
Kiel von oben - Luftbildband	24,90
Kurs Nord	24,90
Libyen	22,90
Neuseeland-Handbuch	18,90
Phuket & Ko Samui	14,90
Reisen mit Hund	9,90
Rumänien	14,90
Schweiz	18,90
Sibirien	22,90
Slowakei	14,90
Spitzbergen-Handbuch	22,90
Tansania / Sansibar	19,90

Fremdsprech

Band		€
1	Oh, dieses Dänisch	4,90
2	Oh, dieses Schwedisch	4,90
3	Oh, dieses Spanisch	4,90
4	Oh, dieses Englisch	4,90
5	Oh, dieses Französisch	4,90
6	Oh. dieseses Russisch	4,90